VERLAG ANTJE KUNSTMANN

Laura Dornheim

# DEINE ENTSCHEIDUNG

## ALLES WAS DU ÜBER ABTREIBUNG WISSEN MUSST

Verlag Antje Kunstmann

# Inhalt

## VORWORT VON KRISTINA HÄNEL

Als Ärztin erlebe ich es jeden Tag, wie wichtig es ist, dass Frauen, die einen Schwangerschaftsabbruch machen wollen, die richtigen Informationen bekommen. Zeit spielt in dieser Situation eine entscheidende Rolle, und oft verlieren Frauen viel zu viel Zeit, weil es ihnen schwer gemacht wird, an die notwendigen, korrekten Informationen zu kommen.

Wenn ein Unfall passiert, wissen alle, unter welcher Nummer sie einen Rettungswagen rufen können. Genauso sollte es bei einer ungeplanten Schwangerschaft sein. Aber die meisten Menschen beschäftigen sich nicht vorher damit, denken vielleicht sogar, dass ihnen das nie passieren wird. Wenn es dann eben doch passiert, stehen sie unter Stress, der Zeitdruck kommt dazu, vielleicht sogar noch ein Konflikt in der Beziehung, Ambivalenz oder andere zusätzliche Belastungen. Das alles macht es dann noch schwieriger, an vernünftige Informationen zu kommen.

Es beginnt damit, dass viele Frauen glauben, ihr Verhütungsmittel wäre sicher, und dann denken, sie hätten etwas falsch gemacht, und sich selbst Vorwürfe machen. Dabei haben sie überhaupt nichts falsch gemacht, denn es gibt einfach keine absolut sicheren Verhütungsmittel. Trotzdem denken sie, sie wären die Einzigen, denen so etwas passiert, und trauen sich nicht, darüber zu reden, obwohl ungeplante Schwangerschaften so häufig sind.

Vor allem, welche Schritte notwendig sind, um einen Abbruch zu machen, wo sie gut beraten werden, welche Methoden es gibt, welche für die jeweilige Frau am besten geeignet ist und was das alles kostet, das ist den wenigsten vorher bekannt.

Es sind aber nicht nur die Informationen vor dem Abbruch, die fehlen, sondern auch die Informationen darüber, wie es danach weitergeht. Es gibt immer noch viele, die denken, ein Abbruch wäre ein gefährlicher Eingriff, weil sie gehört haben, dass früher Frauen daran gestorben sind und es auch dazu viel zu wenig Aufklärung gibt. Fakt ist, dass Abbrüche zu den sichersten, risikoärmsten medizinischen Eingriffen gehören.

Das gilt auch für diese Geschichten, dass Menschen nach einem Abbruch traumatisiert wären. Es gibt keine einzige Studie, die das belegt, aber mehrere Studien, die zeigen, dass es diese Traumatisierung nicht gibt, sondern die meisten Frauen einfach nur erleichtert sind. Lediglich die Umstände, unter denen Frauen abtreiben, unter denen sie manchmal schlecht behandelt werden, können zu einer Traumatisierung führen.

Für mich begann die gemeinsame Geschichte mit Laura Dornheim, als sie bereit war, als Betroffene für eine Talkshow zum Thema Abtreibung ins Fernsehen zu gehen. Bis dahin war oft ich es gewesen, die über die Situation der Betroffenen berichtet hatte, niemand von ihnen wollte ja selbst ins Licht der Öffentlichkeit. Dass Laura Dornheim es tat, veränderte die Situation. Viele haben inzwischen über ihre Erfahrungen gesprochen. Dass sie es jetzt ist, die diesen Ratgeber für andere schreibt, berührt mich, und ich begrüße es sehr.

Wissen ist Macht. Aktuell verhindern Gesetze und Tabus, dass dieses Wissen verfügbar ist und verbreitet wird. Wenn wir ungewollt Schwangeren helfen wollen, wenn wir nicht wollen, dass sie ohnmächtig sind, dann müssen wir dafür sorgen, dass sie im Ernstfall schnell an alle Informationen kommen. Darum danke ich Laura Dornheim, dass sie sich dieses Themas angenommen hat und einen so notwendigen wie fachkundigen Ratgeber geschrieben hat, der alle wichtigen Aspekte übersichtlich, korrekt und prägnant abhandelt und dabei auch noch Betroffene mit allen ihren Facetten des Erlebens und der Verarbeitung zu Wort kommen lässt.

# 1 – Jedes Jahr ruft eine Freundin an

•

Mein Handy vibriert. Ein Anruf von einer Freundin, mit der ich sonst eigentlich nicht so viel telefoniere, wir schreiben uns eher Nachrichten. Der Anruf kommt zu einer Zeit, zu der man nicht einfach mal zum Quatschen anruft, spätabends. Solche Anrufe bekomme ich fast jedes Jahr. Einmal saß ich gerade im Zug, ein anderes Mal hatte ich verschmierte Hände, weil ich dabei war, mein Fahrrad zu reparieren, wieder ein anderes Mal war ich bei einer Geburtstagsfeier in einer Bar. Auch jetzt bin ich erst irritiert, als das Telefon klingelt. Aber dann fragt mich die Freundin mit zittriger Stimme, ob ich kurz Zeit hätte, und ich weiß sofort, worum es geht: Sie ist schwanger und will es nicht sein. Sie hat bereits zwei Kinder und kann sich ein drittes nicht vorstellen. Die meisten Freundinnen und Bekannten, die mich in dieser Sache anrufen, sind bereits Mutter, manche sind in meinem Alter, manche deutlich jünger. Es kann jede betreffen.

Schwangerschaftsabbrüche sind immer noch ein riesiges Tabu in unserer Gesellschaft. Dass ich seit Längerem offen darüber spreche, ist eine Ausnahme. Eine Ausnahme, die mich zur Ansprechpartnerin macht. Als ich selbst in der Situation war, von einer unerwarteten Schwangerschaft überrascht zu werden, hatte ich das Glück, eine Freundin zu kennen, die schon einmal abgetrieben hatte. Mit der ich offen darüber reden konnte, deren Erfahrung für mich in dieser Zeit eine wichtige Orientierung war. Solange Schwangerschaftsabbrüche tabuisiert und stigmatisiert werden, bin ich froh, für andere diese Freundin sein zu können.

Meine Freundin sagt, sie traut sich nicht, online nach Beratungsstellen vor Ort zu suchen, aus Angst davor, mit Fotomontagen von blutigen Babys konfrontiert zu werden. Wir beide wissen, dass befruchtete Eizellen nach sechs Wochen nicht die entfernteste Ähnlichkeit mit einem niedlichen Baby haben, aber ich kann gut verstehen, dass sie sich gerade jetzt nicht irgendwelche kruden Sachen ansehen will. Ich rate ihr, direkt Pro Familia zu kontaktieren, und biete an, eine Beratungsstelle für sie zu suchen und gegebenenfalls auch gleich einen Termin auszumachen. Es ist der Samstag des langen Pfingstwochenendes, was heißt, dass sie drei Tage warten muss, bis sie einen Termin bekommen kann. Drei Tage mit den falschen Hormonen, mit Übelkeit und einer sich entwickelnden Schwangerschaft, die sie nicht möchte.

Selbst ohne Feiertage müssen ungewollt Schwangere oft mehrere Tage auf das Beratungsgespräch warten. Erst danach beginnt die Frist von drei Tagen vorgeschriebener Wartezeit zwischen Beratungsgespräch und Abbruch. Das verpflichtende Beratungsgespräch und die vorgeschriebene Wartezeit bedeuten, dass Frauen in diesem Land, in diesem Jahr immer noch nicht allein über ihren Körper entscheiden dürfen. Denn selbst wenn eine Frau eine Entscheidung getroffen hat, gilt ihre Entscheidung offenbar nicht so wirklich, oder eben erst nach gesetzlich verordneter Bedenkzeit.

Jeder abzuwartende Tag macht einen medikamentösen Abbruch ohne Operation unrealistischer, da dieser nur bis zur neunten Woche möglich ist. Also muss sich meine Freundin wahrscheinlich unter Narkose setzen lassen und einen operativen Eingriff überstehen, um die Selbstbestimmung über ihren Körper wiederzuerlangen.

Ich muss meine Wut in Schach halten, denn in diesem Moment geht es nicht um meine Gefühle. Es geht jetzt nicht darum, wie wir diese menschenverachtenden Gesetze endlich abschaffen können. Jetzt geht es darum, wie meine Freundin bestmöglich durch die Situation kommt. Wie sie sich fühlt, jetzt, während des Abbruchs und danach. Wie ihr beigestanden wird. Davon hängt maßgeblich ab, ob sie irgendwann auf diese Zeit als eine schwierige, aber gut bewältigte Erfahrung zurückblicken kann oder ob all der Druck, der direkt und indirekt auf sie ausgeübt wird, sie traumatisiert.

Also erzähle ich von meiner Erfahrung, von meinen Gefühlen vor und nach der Entscheidung, ich gehe mit ihr alle Schritte durch und versuche alle Fragen, so gut ich kann, zu beantworten. Ich erzähle, dass Abtreibungen innerhalb der ersten Wochen früher schlicht als „Blutungsregulierung" galten, und erinnere sie daran, dass sie nicht allein ist: Jede vierte Frau entscheidet sich im Laufe ihres Lebens gegen eine Schwangerschaft. Die Freundin erzählt mir, wie schlecht sie sich fühlt, dass ihr „so was" passiert ist, und ich betone, dass es nicht ihre Schuld ist. Etwas, das ich erst lange nach meiner eigenen Abtreibung verstanden habe. Die Selbstvorwürfe – „Wie konnte mir das passieren?" – sind nichts anderes als die verinnerlichte Verachtung gegenüber Frauen in unserer männerdominierten Gesellschaft, in der ungewollte Schwangerschaften angeblich nur verantwortungslosen Teenagerinnen passieren und natürlich nie etwas mit den beteiligten Männern zu tun haben.

Ich rate ihr, sich erst einmal abzulenken, mit einer guten Serie oder auch einem Drink. Wenn ich das Gefühl habe, das geht und hilft vielleicht, scherze ich, dass das die einzige Schwangerschaft ist, in der sie hemmungslos trinken kann.

In den nächsten Tagen telefonieren wir immer wieder. Ich erfahre, dass auch für ihren Partner total klar ist, dass sie nicht noch ein Kind wollen, nicht jetzt. Dort wo sie lebt, gibt es nur eine Privatklinik, die Abbrüche vornimmt und die dafür einen ziemlich hohen Preis verlangt. Meine Freundin verdient genug, um das bezahlen zu können. Aber am Telefon sind wir uns einig, dass es nicht ok ist, dass man diesen medizinischen Eingriff aus eigener Tasche bezahlen muss.

Kurz nach der OP schreibt sie mir: „Alles hat geklappt, und es geht mir sehr gut!" In den knappen Zeilen kann ich ihre Erleichterung spüren.

Ich war 31, als ich das erste Mal schwanger war. Die Nachricht kam für mich absolut überraschend, und im ersten Moment fühlte ich mich völlig überfordert. Nach intensivem Nachdenken entschied ich mich gegen die Schwangerschaft. Ich hatte das große Glück, eine unterstützende Ärztin gefunden zu haben, die mir einen medikamentösen Abbruch ermöglichte. Als die Abbruchblutung einsetzte, war ich mit meinem damaligen Partner zu Hause in meinen eigenen vier Wänden.

Ich habe abgetrieben. Ich bin weder stolz darauf, noch schäme ich mich dafür. Ich habe diese Entscheidung nie bereut. Genauso wenig wie ich bereue, zwei spätere Schwangerschaften ausgetragen und zwei wunderbare Kinder auf und in die Welt gebracht zu haben. Ich weiß, was es heißt, neun Monate lang einen neuen Menschen in sich heranwachsen zu lassen, eine Geburt durchzumachen und die volle Verantwortung für das Leben und die Zukunft eines Kindes zu tragen.

Ich bin zutiefst davon überzeugt, dass jeder Mensch, jede Frau das Recht haben sollte, selbst zu entscheiden, ob, wann und wie sie Kinder bekommt. Selbstbestimmung über den eigenen Körper und die eigene Familienplanung sind essenzielle Voraussetzungen für die Gleichberechtigung aller Geschlechter. Das war mir schon lange vor meiner Abtreibung bewusst. Ebenso war mir bewusst, dass wir auch hierzulande noch weit von echter Gleichberechtigung entfernt sind. Aber meine eigene Erfahrung hat mir drastisch vor Augen geführt, wie sehr ungewollt Schwangere immer noch gegängelt, bevormundet und stigmatisiert werden. Von Gesetz und Gesellschaft gleichermaßen. Die Tabuisierung von Schwangerschaftsabbrüchen führt dazu, dass sich Betroffene allein fühlen und nur schwer an hilfreiche Informationen gelangen.

Ratgeber für werdende Mütter gibt es unzählige. Aber es gibt keinen einzigen Ratgeber für die, die noch nicht, gar nicht oder nicht noch einmal Mutter werden wollen. Als mir das klar wurde, wusste ich, dass ich dieses Buch schreiben muss. Denn Schwangerschaftsabbrüche sind alles andere als selten, auch wenn immer noch kaum darüber gesprochen wird.

Jeder einzelne Schwangerschaftsabbruch hat seine eigene Geschichte, und doch ist der Eingriff an sich so alltäglich wie eine Blinddarm-OP. Beide Eingriffe werden in Deutschland jedes Jahr etwa 100.000 Mal vorgenommen.

Dabei durften Ärztinnen lange nicht selbst über die medizinischen Details der verschiedenen Methoden zum Schwangerschaftsabbruch informieren. Öffentliche Stellen, Beratungsorganisationen und Aktivistinnen haben diese Aufgabe übernommen und viele wertvolle Informationen im Internet und in Broschüren veröffentlicht. Gerade online finden sich aber leider auch viele falsche, manipulative und erniedrigende Inhalte zum Thema Abtreibung, die einzig zum Ziel haben, ungewollt Schwangere von einem Abbruch abzuschrecken. Und gerade in der akuten Situation einer ungeplanten Schwangerschaft finden es viele Betroffene unerträglich, die Flut an Informationen nach hilfreichen sachlichen Inhalten durchsuchen zu müssen und dabei immer wieder mit Photoshop bearbeitete Bilder von angeblich toten Föten zu sehen zu bekommen. Deswegen habe ich mich entschieden, alle wichtigen, relevanten und hilfreichen Informationen zu einem Schwangerschaftsabbruch in Form eines Buches zusammenzustellen.

Dieses Buch ist weder pro noch contra Abtreibung. Die Entscheidung über die Fortsetzung oder den Abbruch einer Schwangerschaft kann und darf einzig von der schwangeren Person getroffen werden. Deshalb versammelt dieses Buch neutrale, überprüfte Informationen, die allen Menschen in der Situation einer ungewollten Schwangerschaft ermöglichen sollen, die beste Entscheidung für sich selbst zu treffen.

Wer in Deutschland, Österreich oder der Schweiz eine Schwangerschaft abbrechen will (oder darüber nachdenkt), muss vieles beachten. In einer Situation, die für die meisten Betroffenen ohnehin schon belastend ist, müssen Fristen eingehalten und Auflagen erfüllt werden. Jede Einzelne muss sich selbst auf die Suche nach einer Beratungsstelle und einer Ärztin machen. Viele wissen nicht, dass es unterschiedliche Methoden für einen Abbruch gibt, geschweige denn, wie genau der Eingriff abläuft und was sie danach erwartet.

Dieses Buch will bei diesen Fragen Unterstützung und Begleitung sein für alle, die in der Situation einer ungeplanten Schwangerschaft sind. Für direkt Betroffene genauso wie für ihre Partner*innen, Freund*innen und Angehörige.

## WIE DU DIESES BUCH BENUTZEN KANNST

Wenn du ungewollt schwanger bist, gibt es schon genug Menschen und Gesetze, die dir vorschreiben oder vorschreiben wollen, was du tun und was du lassen sollst. Dieses Buch gehört nicht dazu. Es geht hier vielmehr darum, was du darfst. Was du fühlen, denken und entscheiden darfst – nämlich alles! –, wie du dich verhalten und welche Behandlung du erwarten darfst. Dementsprechend darfst du dieses Buch genau so lesen und benutzen, wie es für dich gut ist! Fang mit den Themen an, die dich gerade am meisten beschäftigen, überspringe, was du nicht brauchst, lies das, was dir weiterhilft.

Das Buch ist im ersten Teil in fünf Kapitel gegliedert, die dem zeitlichen Ablauf einer ungeplanten Schwangerschaft und eines Abbruchs entsprechen. In jedem Kapitel findest du alle relevanten Informationen zur jeweiligen Phase.

Darüber hinaus geben dir persönliche Berichte von Menschen, die auch schon einmal in dieser Situation waren, einen Einblick, wie es für andere war. Sie sind blau hinterlegt und so leicht zu finden.

In den gelb hinterlegten Kommentaren teilen Ärzt*innen, Berater*innen und weitere Expert*innen ihr Wissen und ihre Erfahrungen. Sie ergänzen und vertiefen die Informationen in diesem Buch aus der Perspektive erfahrenerer Fachkräfte.

Zusätzliche Informationen liefern dir folgende hervorgehobene Kategorien:

### Wichtig! Achtung!

Es gibt Dinge, die jede Frau, die ungeplant schwanger ist, unbedingt wissen muss. Dinge, die essenziell wichtig für die Betroffene, also für dich und deine Gesundheit sind. Manchmal sind das auch Warnungen vor falschen Angaben oder Vorgehensweisen. Diese Informationen sind mit einem Ausrufezeichen markiert.

### Gut zu wissen

Die Entscheidung für oder gegen einen Abbruch ist an sich schon komplex. Medizinische, rechtliche und nicht zuletzt bürokratische Hürden machen es leider noch komplizierter. Mit der Glühbirne sind Hinweise markiert, an die du vielleicht nicht sofort gedacht hättest, die dir aber oft weiterhelfen können.

### Zum Mitschreiben

Jede Schwangerschaft und jeder Abbruch sind anders. Nur du weißt, was für dich richtig ist, was du brauchst und willst. Deshalb gibt es einige Stellen in diesem Buch, die dich mit kleinen Aufgaben einladen, deine Gedanken zu Papier zu bringen. Manchmal sind das auch Checklisten, die dir helfen, den Überblick zu behalten.

Nach den Kapiteln, die das Davor, Währenddessen und Danach des Abbruchs begleiten, findest du in diesem Buch folgende Informationskapitel:

**Was Partner und Freund*innen tun können**
An jeder ungeplanten Schwangerschaft waren zwei Menschen beteiligt. Dieses Kapitel richtet sich an die Partner der Schwangeren und zeigt, wie sie die Betroffene am besten unterstützen und wo sie selbst Unterstützung bekommen können. Alle diese Tipps sind natürlich auch für Freund*innen und Angehörige hilfreich.

**Detailwissen Biologie und Rechtliches**
Zusätzlich zum Ratgeberteil gibt es noch jeweils ein ausführlicheres Kapitel zu den biologischen Details der frühen Schwangerschaft und des Abbruchs sowie zu den rechtlichen und politischen Rahmenbedingungen in Deutschland, Österreich und der Schweiz. Hier kannst du dich in weiterführende Informationen vertiefen.

**Nützliche Links und Kontakte**
Hier findest du Kontaktdaten von vertrauenswürdigen Beratungen und Informationsstellen sowie hilfreiche Websites mit weiterführenden Informationen und Angeboten und Lektüretipps. Das Buch, das du in der Hand hältst, versucht, alle Fragen zum Schwangerschaftsabbruch zu beantworten, aber manchmal bleibt doch etwas offen, und manchmal willst du vielleicht einfach mit einer anderen Person sprechen. Auf den letzten Seiten findest du deshalb die richtigen Ansprechpartner*innen dafür.

Eins noch: Nicht nur Frauen können schwanger werden, und nicht nur Ärztinnen führen Abbrüche durch. Die Sprache in diesem Buch soll gleichzeitig leicht lesbar und so inklusiv wie möglich sein. Deshalb ist nicht nur von Frauen, sondern auch von (ungewollt) Schwangeren oder einfach von Betroffenen die Rede, denn selbstverständlich ist dieses Buch für alle Menschen mit Uterus, ob cis, trans oder nicht-binär, geschrieben.

Für medizinisches Personal wird im Text das generische Femininum verwendet, also z. B. einfach „Ärztin". Natürlich gibt es auch sehr viele gute männliche (und nicht binäre!) Ärzte, die ungewollt Schwangere bei ihrer Entscheidung unterstützen und Abbrüche anbieten – sie sind selbstverständlich mitgemeint!

# 2 – Schwanger und jetzt?

**In diesem Kapitel erfährst du …**

·

Dass ungeplante Schwangerschaften sehr häufig sind

·

Welche Optionen du hast

·

Wie viel Zeit du für deine Entscheidung hast

Wenn du dieses Buch in der Hand hältst, hast du vermutlich vor Kurzem erfahren, dass du schwanger bist. Vielleicht hast du es schon geahnt, vielleicht war es ein totaler Schock. Du weißt noch nicht, wie es jetzt weitergeht, aber du weißt, dass du eine Entscheidung treffen musst.

Was mache ich jetzt? Wer kann mir helfen? Wie viel Zeit habe ich? Vielleicht stellst du dir gerade diese oder ähnliche Fragen, vielleicht ist dein Kopf aber auch wie leer gefegt.

Dieses Buch ist dazu da, dir all deine Fragen zu beantworten und dich während der gesamten Zeit der ungewollten Schwangerschaft und – wenn du dich dafür entscheidest – der Abtreibung zu begleiten.

Zuallererst solltest du aber zwei Sachen wissen. Erstens: Du bist nicht allein, ungeplante Schwangerschaften sind nämlich sehr häufig. Zweitens: Du hast nichts falsch gemacht! Selbstvorwürfe sind absolut fehl am Platz, denn eine ungeplante Schwangerschaft kann jeder passieren.

## DR. JANA MAEFFERT, GYNÄKOLOGIN

*„In einem Jahr wird es Ihnen gut gehen." Das ist ein Satz, den ich Frauen, die mit einer ungeplanten Schwangerschaft zu mir kommen, ganz oft sage. Für viele ist das in dem Moment ja ein Schock, ein totales Drama. Da hilft es, diese Perspektive aufzumachen, und das ist ja auch tatsächlich so, dazu gibt es diverse Studien. Das gilt für die, die sich für die Schwangerschaft entscheiden, genauso wie für die, die einen Abbruch machen.*

## DU BIST NICHT ALLEIN!

Viele Frauen fühlen sich mit der Nachricht einer ungeplanten Schwangerschaft ziemlich allein. Umso wichtiger ist es zu wissen, dass du eben nicht allein bist! Etwa 30% bis 40% aller Schwangerschaften sind ungeplant. Nicht weltweit, sondern in Deutschland, wo Aufklärungsunterricht in der Schule stattfindet und Verhütungsmittel frei verfügbar sind. Sex gehört zum Leben dazu, und wer Sex hat, kann theoretisch auch schwanger werden oder eine Schwangerschaft zeugen. Denn kein Verhütungsmittel ist absolut sicher. Und sosehr wir es uns oft wünschen, dieses Leben verläuft nicht immer nach Plan. Aus welchen Gründen auch immer (weiter unten gehe ich noch genauer auf sie ein): Viele Frauen kommen im Laufe ihres Lebens in diese Situation. In Deutschland entscheiden sich etwa 100.000 Frauen jedes Jahr für einen Schwangerschaftsabbruch. Das heißt auch, dass du mit hoher Wahrscheinlichkeit Frauen kennst, die schon einmal abgetrieben haben. Aber es kann gut sein, dass du es nicht weißt. Und es ist möglich, dass du niemanden hast, mit dem du über die Erfahrung mit einer ungewollten Schwangerschaft sprechen kannst, weil immer noch viele Menschen nicht offen darüber reden. Das heißt aber nicht, dass du deine Situation geheim halten musst! Es kann sehr hilfreich sein und guttun, mit jemandem darüber zu sprechen.

## DU HAST NICHTS FALSCH GEMACHT

Wir alle haben sofort bestimmte Gedanken und oft auch verinnerlichte Glaubenssätze im Kopf, wenn wir an Schwangerschaftsabbrüche denken. Die meisten davon haben mit unserer Erziehung, mit kultureller oder religiöser Prägung zu tun. Lange wurde das Wort Abtreibung absichtlich abwertend benutzt. (Übrigens ein Grund, warum es in diesem Buch gleichwertig mit dem Schwangerschaftsabbruch auftaucht: um Abtreibung zu enttabuisieren, in der Sprache und in unseren Köpfen.) Auch der Begriff „wegmachen lassen" impliziert, dass etwas Schlechtes passiert ist, ein Fehler, der jetzt möglichst still und heimlich korrigiert werden muss. Wie ein Fleck, den niemand sehen soll. Es ist kein Zufall, dass es diese sprachlichen Bewertungen gibt. Ungeplante Schwangerschaften zu stigmatisieren, war und ist schon viel zu lange eines der Instrumente gesellschaftlicher Unterdrückung von Frauen.

Viele empfinden Scham, wenn sie feststellen, dass sie unerwartet schwanger sind. Noch immer hält sich das verächtliche Klischee, „so etwas" würde nur verantwortungslosen jungen Frauen passieren, die nicht richtig verhütet haben. Aber mehr als 60% derer, die sich für einen Abbruch entscheiden, haben bereits Kinder.

Ungeplante Schwangerschaften kommen zudem in allen Bildungsschichten vor, bei reichen und armen Menschen, bei jungen und alten, bei gläubigen und bei atheistischen, in der Stadt und auf dem Land.

Trotzdem suchen viele ungewollt Schwangere zuerst die Schuld bei sich. Es ist aber weder deine Schuld noch die von jemand anderem. Du hast nichts falsch gemacht! Und du wirst die richtige Entscheidung treffen.

## UNGEPLANT / UNGEWOLLT

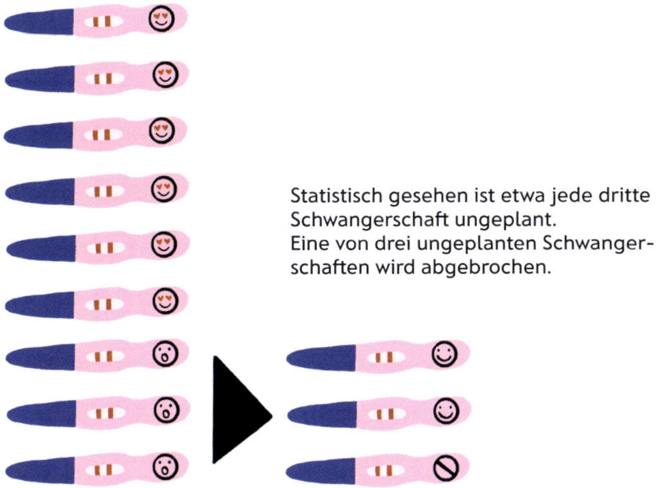


Ungeplant muss nicht unbedingt auch ungewollt sein. Viele Schwangere sind zwar von der Schwangerschaft überrascht, wissen aber schnell, dass sie das Kind bekommen und die Schwangerschaft fortsetzen wollen. Vielleicht wissen sie bereits, dass sie grundsätzlich Kinder bekommen möchten, und können sich zu diesem Zeitpunkt mehr oder weniger schnell auf die neue Situation einstellen und sich auf die Ankunft eines neuen Menschen freuen. Die Umkehrrechnung der Statistik zeigt nämlich auch: Von vier ungeplant Schwangeren entscheiden sich drei dafür, die Schwangerschaft zu behalten; etwa jedes vierte Kind, das in Deutschland auf die Welt kommt, war ursprünglich nicht geplant, aber eben trotzdem willkommen.

Für viele Menschen kommt eine Schwangerschaft aber nicht nur ungeplant. Sie wissen, dass sie gerade jetzt nicht, generell nicht oder nicht schon wieder schwanger sein wollen. Es gibt eine Vielzahl von Gründen, weshalb ein positiver Schwangerschaftstest für sie keine gute Nachricht ist. Weil sie schon Kinder haben und ihre Energie und Kraft oder auch ihr Einkommen nicht für ein weiteres reichen. Weil sie mitten in der Ausbildung, im Studium oder in einer ungewissen Lebensphase stecken. Weil sie keinen Partner haben, der mit ihnen ein Kind großziehen will. Weil sie eine schwierige Beziehung führen, die sie aus welchen Gründen auch immer zu diesem Zeitpunkt nicht beenden wollen, in der sie aber auch keinen Raum für das Wohl eines Kindes sehen. Weil sie sich körperlich oder auch seelisch nicht vorstellen können, eine Schwangerschaft durchzustehen. Oder weil Kinder in ihrer persönlichen Lebensplanung einfach nicht vorkommen.

## WIE GEHT ES JETZT WEITER?

In den ersten Stunden oder auch Tagen, nachdem du von der Schwangerschaft erfahren hast, geht es vor allem darum, diese Information zu verarbeiten. Ja, es gibt in Deutschland eine Fristenregelung, die das Zeitfenster begrenzt, in dem du selbstbestimmt entscheiden kannst, ob du die Schwangerschaft fortführen willst oder nicht. Aber in den meisten Fällen liegen einige Wochen zwischen dem positiven Test und dem Ablauf der Frist, sodass du dir die nötige Zeit nehmen kannst, um für dich zu sortieren, was eine Schwangerschaft für dich und dein Leben bedeutet. Zu einer guten Entscheidung gehört, dass du alle deine Optionen kennst, und du selbst bestimmst, wann und wie du dich entscheidest.

Im allerersten Moment musst du also gar nichts tun. Es ist absolut verständlich, dass du zunächst überrascht, vielleicht sogar geschockt bist. Atme durch, und gib dem Strudel in deinem Kopf ein wenig Zeit, sich zu legen. Vielleicht hilft dir ein Spaziergang, eine Tasse Tee oder eine Serie, die dich ablenkt. Falls du unbedingt eine Zigarette rauchen willst, um dich zu beruhigen, kannst du das tun, solange es bei einer oder wenigen bleibt. Auf einen Beruhigungsschnaps solltest du aber definitiv verzichten, wenn du nicht von Anfang an ganz sicher weißt, dass du die Schwangerschaft abbrechen willst. Laut schreien, in ein Kissen weinen oder an die Decke starren, ist in Ordnung, und zwar so lange, wie es dir guttut, oder eben bis du wieder etwas anderes tun kannst.

Wenn du das nicht schon getan hast, ist es jetzt eine gute Idee, mit deinem Partner oder einer guten Freundin zu sprechen. Anschließend kannst du beginnen, dich mit den relevanten Informationen zu beschäftigen, indem du dieses Buch liest oder dich bei vertrauenswürdigen Stellen erkundigst.

## EINE VERTRAUENSPERSON EINBEZIEHEN

Was den meisten Menschen in dieser Situation hilft, ist, mit einer vertrauten Person darüber zu sprechen. Du bist nicht allein und du musst mit der Situation einer ungeplanten Schwangerschaft nicht allein zurechtkommen. Falls du in einer Beziehung bist, liegt es nahe, mit deinem Partner zu reden. Wahrscheinlich ist er erst einmal ähnlich überrascht wie du, aber ihr könnt dann gemeinsam darüber sprechen, euren Gefühlen und Gedanken Raum geben, und vielleicht stellt ihr auch schon fest, dass ihr in eine ähnliche Richtung tendiert. Wenn du Sorge hast, dass dein Partner negativ reagieren könnte, musst du ihm selbstverständlich auch nicht davon erzählen.

Viele Betroffene sprechen mit einer guten Freundin, ihrer Mutter oder Schwester über die unerwartete Situation. Es ist jedenfalls hilfreich, deine Gedanken und Sorgen nicht für dich behalten zu müssen. Wenn du nicht weißt, mit wem du reden sollst, kannst du dich jederzeit an eine Krisenhotline oder eine Beratungsstelle wenden, auch wenn du noch gar nicht weißt, wie du dich entscheiden willst, sondern erst einmal den Schock verdauen musst. Kontaktdaten dazu findest du am Ende des Buches.

## INFORMATIONEN FINDEN

Um dich über die Situation einer ungeplanten Schwangerschaft und deine Optionen zu informieren, liegt es nahe, zum Handy oder Laptop zu greifen und erst mal zu googeln. Doch leider ist das Internet voll von Falschinformationen zum Thema Schwangerschaftsabbruch. Abtreibungsgegner*innen nutzen die Algorithmen von Google & Co., um Frauen, die auf der Suche nach Informationen sind, mit Vorwürfen, gefälschten Bildern und erfundenen Horrorgeschichten abzuschrecken. Auch vermeintlich freundliche Unterstützungsangebote von Gruppierungen, die an der Verhinderung von Schwangerschaftsabbrüchen arbeiten, dienen oft nur dazu, im persönlichen Gespräch Betroffenen Vorwürfe zu machen und sie unter allen Umständen zum Austragen der Schwangerschaft zu überreden.

Wenn du im Internet weitere Informationen recherchieren willst, solltest du also Suchmaschinen vermeiden und direkt auf die Seiten von vertrauenswürdigen, seriösen Organisationen wie Pro Familia (profamilia.de) oder der Bundeszentrale für gesundheitliche Aufklärung (familienplanung.de) gehen. Auf Instagram ist das Projekt @mehralsdudenkst eine sehr

## JULIA, ABBRUCH MIT 32

*Nach der Geburt von meinem zweiten Sohn wollte ich gern ohne Hormone verhüten, und meine Gynäkologin hat mir eine Kupferspirale eingesetzt. Danach waren meine Regelblutungen noch viel stärker, obwohl sie sowieso schon immer stark waren. Ich dachte also die ganze Zeit, dass ich verhüte, und habe deswegen auch überhaupt nicht über eine Schwangerschaft nachgedacht. Das war für mich klar, dass das gar nicht sein kann.*

*Irgendwann fiel mir auf, dass ich sehr schnell emotional werde, beim kleinsten Anlass vor Rührung weinen muss und so. Gleichzeitig wurde mir abends immer sehr schlecht, ich hatte richtig mit Übelkeit zu kämpfen. Das ging über zwei, drei Wochen so, und ich konnte es gar nicht einordnen, ich habe mich gewundert, wo das herkommt. Es wurde immer stärker, und irgendwann saß ich am Schreibtisch und auf einmal war mir ganz klar: Ich bin schwanger. Das war kein Schock oder so, einfach eine Erkenntnis. Der Test war nur noch eine Bestätigung, denn ich kannte es ja auch schon von den ersten beiden Schwangerschaften und war mir in dem Moment absolut sicher.*

*Und ich wusste auch von Anfang an, dass ich einen Abbruch möchte. Von Anfang an war mir das klar. Ich hatte ja vor nicht langer Zeit mein zweites Kind bekommen und 13 Monate gestillt. Erst seit Kurzem hatte ich überhaupt das Gefühl, dass mein Körper wieder mir gehört. Denn eine Schwangerschaft und die damit verbundene körperliche Belastung sind ja nicht mit der Geburt vorbei. Ich war weder körperlich noch mental bereit dazu, noch mal schwanger zu sein. Es war für mich nie eine Frage.*

gute erste Anlaufstelle, dort findest du viele Fakten rund um Schwangerschaftsabbrüche. Am Ende dieses Buches findest du weitere empfehlenswerte Webadressen, bei denen du dich fundiert informieren kannst.

## WIE VIEL ZEIT DU FÜR DIE ENTSCHEIDUNG HAST

Je nachdem, wie weit fortgeschritten deine Schwangerschaft ist, hast du etwas mehr oder weniger Zeit, deine Entscheidung zu treffen. In Deutschland sind Abbrüche bis zum Ende der zwölften Woche nach Befruchtung straffrei möglich, das entspricht der 14. Schwangerschaftswoche. In Österreich sind es ebenfalls 14 und in der Schweiz zwölf Wochen. Bis zum Ende der neunten Woche kannst du zwischen einem medikamentösen und einem operativen Abbruch wählen, danach ist nur ein operativer Abbruch möglich.

Grundsätzlich gilt, dass ein Abbruch umso einfacher und weniger belastend ist, je früher er stattfindet. Der Embryo in dir wächst mit jedem Tag, von einer mikroskopisch kleinen Zelle in der ersten Woche zu einem ca. 6 Zentimeter großen Fötus in der 14. Woche (siehe dazu genauere Informationen in Kapitel 8, S. 171 ff.). Du solltest dir unbedingt ausreichend Zeit für deine Entscheidung nehmen, aber du solltest sie nicht unnötig hinauszögern – dir und deinem Körper zuliebe.

### Schwangerschaftswochen sind nicht gleich Dauer der Schwangerschaft

Wenn medizinisch über die Dauer einer Schwangerschaft gesprochen wird, wird immer ab dem ersten Tag der letzten Regelblutung gerechnet. Zu jeder Schwangerschaft zählen also zwei Wochen dazu, in denen die Person ganz sicher noch nicht schwanger war. Die (absurden, patriarchalen) Gründe dafür zu erläutern, würde an dieser Stelle zu weit führen, aber es ist für dich äußerst wichtig, den Unterschied zu kennen. Wenn bei einer gynäkologischen Untersuchung festgestellt wird, dass du in der achten Schwangerschaftswoche bist, bist du de facto erst seit sechs Wochen schwanger. Medizinisch wird meistens die Schreibweise „Wochen + Tage" verwendet. „SSW 7 + 3" steht für „Schwangerschaftswoche 7 plus 3 Tage", das ist die achte Woche gerechnet ab der letzten Periode. Die Zwölf-Wochen-Frist im Gesetz rechnet hingegen ab der Befruchtung. Du hast also zwei Wochen länger Zeit, dich zu entscheiden, nämlich bis zum Ende der 14. (medizinischen) Schwangerschaftswoche.

Es gibt zwar mittlerweile hochsensitive Schwangerschaftstest, die theoretisch bereits eine Woche nach Befruchtung eine Schwangerschaft nachweisen können, diese sind jedoch in der Praxis nicht sehr zuverlässig. Grund dafür ist, dass bei vielen Schwangeren zu diesem Zeitpunkt die Konzentration des Hormons, auf das die Tests reagieren, noch nicht hoch genug ist.

Und wer nicht mit einer Schwangerschaft rechnet, hat meist keinen Grund, überhaupt so früh einen Test zu machen. Die meisten Frauen denken erst nach Ausbleiben ihrer Regelblutung darüber nach, ob sie vielleicht schwanger sind, also etwa vier Wochen nach der Befruchtung. Nicht alle Frauen haben eine immer regelmäßige Periode, bei vielen schwankt die Zyklusdauer zwischen drei und sechs Wochen. Darüber hinaus gibt es eine Vielzahl von Gründen, weshalb sich die Periode auch mal verspäten kann, Stress, Reisen, eine Erkältung oder sogar Impfungen können den Zyklus beeinflussen. Selbst das einmalige Ausbleiben oder eine Verspätung der Monatsblutung ist daher für viele noch kein Grund, sofort einen Schwangerschaftstest zu machen.

So kann es gut sein, dass eine Frau erst in der neunten Woche feststellt, dass sie schwanger ist. Möchte sie die Schwangerschaft nicht fortsetzen, hat sie dann noch knapp drei Wochen, um sich zu entscheiden, den Beratungsschein zu bekommen, eine Praxis zu finden und dort einen Termin auszumachen.

Um herauszufinden, wie viel Zeit du in deiner individuellen Situation für die Entscheidung hast, musst du von vorne und von hinten her rechnen. Von hinten, da du mindestens eine Woche für das Beratungsgespräch, die dreitägige Wartefrist und den Termin für den Eingriff selbst einplanen solltest. Die 14-Wochen-Frist ist absolut nicht verhandelbar. Im Zweifelsfall musst du sogar davon ausgehen, dass beim Ultraschall die Schwangerschaftsdauer als bis zu drei Tage länger errechnet wird, als du selbst ermittelt hast. Auch wenn deine Berechnung vielleicht die akkuratere ist, die Ärztin wird sich eher an ihrem Untersuchungsergebnis orientieren.

## SCHWANGERSCHAFTSDAUER BERECHNEN

Um zu berechnen, wie lange genau du bereits schwanger bist, brauchst du mindestens einen von zwei Anhaltspunkten: den ersten Tag deiner letzten Regelblutung, oder den Tag, an dem du Sex hattest und vermutlich schwanger wurdest. Wenn du weißt, an welchem Tag es passiert sein muss, berechnet sich die Dauer ganz einfach ab diesem Tag. Wenn das nicht der Fall ist, wird in der medizinischen Praxis von einem durchschnittlichen Zyklus mit einer Dauer von 28 Tagen ausgegangen, bei dem der Eisprung in der Mitte des Zyklus, also nach 14 Tagen, stattfindet. Du kannst ab dem Tag deiner letzten Regelblutung 14 Tage hinzuzählen, um den Beginn deiner Schwangerschaft relativ genau zu bestimmen. Wenn du z. B. am 15. Januar das letzte Mal deine Periode bekommen hast, zählt der 29. Januar als erster Tag deiner Schwangerschaft. Damit wäre der 23. April der letzte Tag, an dem du einen Abbruch vornehmen lassen kannst. Nehmen wir an, du machst am 20. Februar einen Test, der positiv ist, dann bist du in der vierten Woche schwanger, es

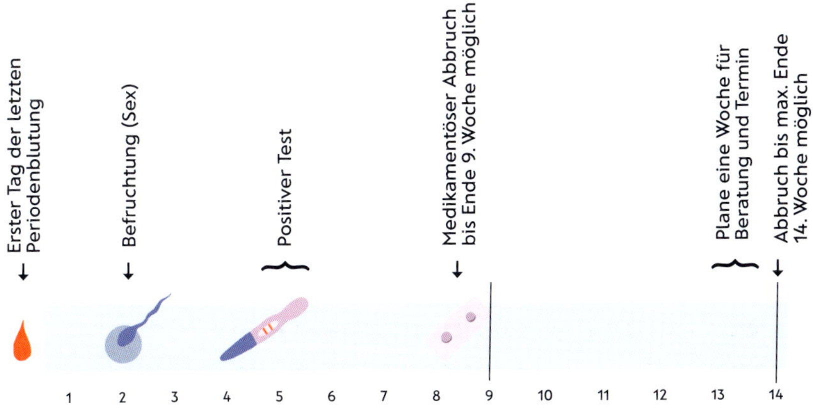

ist also noch sehr früh in der Schwangerschaft. Du hast dann noch etwa sieben Wochen, um dich zu entscheiden, aber nur noch gut zwei Wochen, falls du medikamentös abbrechen willst.

Am sichersten ist es, einen positiven Schwangerschaftstest möglichst schnell von einer Ärztin bestätigen zu lassen und dabei die Dauer bestimmen zu lassen. Das kannst du unkompliziert bei jeder Frauenärztin machen. (Ausführlichere Informationen dazu im Kapitel „Vor dem Abbruch".) Wenn du einen Termin dafür vereinbarst, solltest du unbedingt erwähnen, dass du noch nicht weißt, ob du die Schwangerschaft fortführen willst. Dann bekommst du in der Regel sehr zeitnah einen Termin.

### Schwangerschaftsabbrüche nach der 14. Woche

Wenn deine Schwangerschaft schon weiter fortgeschritten ist, du sie aber nicht fortsetzen willst, hast du immer noch die Möglichkeit, in Holland einen Abbruch zu machen. Dort werden Schwangerschaftsabbrüche bis zur 22. Woche durchgeführt, viele Kliniken bieten dazu entsprechende Informationen speziell für Patientinnen aus Deutschland an.

# EIN KIND ODER NICHT – WELCHE OPTIONEN DU JETZT HAST

**Wenn du dir sicher bist, dass du die Schwangerschaft abbrechen willst, kannst du diesen Abschnitt auch einfach überspringen.**

Die wichtigste Voraussetzung für einen Schwangerschaftsabbruch ist eine selbstbestimmte Entscheidung. Dafür ist es wichtig, alle Optionen zu kennen.

„Ein bisschen schwanger gibt es nicht." – Wir alle kennen diesen Spruch, und in der Tat gibt es keinen Mittelweg zwischen eine Schwangerschaft austragen oder sie beenden. Aber wenn du dir in deiner aktuellen Situation nicht vorstellen kannst, ein Kind großzuziehen, heißt das nicht zwangsläufig, dass eine Abtreibung deine einzige Option ist. Wenn es für dich denkbar ist, das Kind auf die Welt zu bringen, gibt es mehrere Möglichkeiten, wie es für dich und das Kind weitergehen kann, gemeinsam oder auch getrennt. Über diese kannst du in einem Gespräch bei einer Beratungsstelle sprechen, die Berater*innen können dir detailliert Informationen zu allen Wegen geben. Natürlich sind diese Gespräche absolut vertraulich, du kannst jede Frage stellen und dich über alles informieren. Nur wenn du sie explizit damit beauftragst, wird die Beraterin weitere Schritte einleiten und andere Stellen informieren.

## Unterstützungsleistungen

Es gibt unterschiedliche finanzielle und materielle Unterstützungsleistungen für Mütter und Kinder, damit niemand sich ausschließlich aus finanziellen Sorgen gegen eine Schwangerschaft entscheiden muss. Allen Eltern steht das monatliche Kindergeld zu, aktuell (2023) beträgt es in Deutschland für jedes

Kind 250 € pro Monat. Unabhängig von eurer Beziehung oder seiner Einstellung zu deiner Schwangerschaft ist der Vater verpflichtet, Unterhalt zu bezahlen, wenn du das Kind bekommst. Für Eltern/Mütter mit zu wenig Geld gibt es darüber hinaus eine Vielzahl an staatlichen Leistungen, von Einmalzahlungen für die Erstausstattung bis zu einem dauerhaften Zuschuss zur Miete. Um herauszufinden, welche Leistungen du beantragen kannst und wie das geht, kannst du dich an das örtliche Jugendamt wenden oder erste Informationen bei einer Schwangerschaftsberatungsstelle bekommen.

Neben den finanziellen Leistungen gibt es auch verschiedene persönliche Unterstützungsangebote. Eine Familienpflegerin kann dich und das Baby in den ersten Wochen nach der Geburt bei dir zu Hause mit Rat und Tat unterstützen. Das Jugendamt kann dir eine Beraterin zur Seite stellen, die dir hilft, in deine neue Rolle zu finden, und die dich in der Elternschaft begleitet. An sehr vielen Orten gibt es kostenfreie Kurse für Mütter und Eltern.

Niemand muss ganz allein für ein Kind sorgen, und es ist keine Schwäche, sich Hilfe zu holen, im Gegenteil, es zeigt, wie ernst du die Verantwortung nimmst.

## Pflegefamilie

Wenn du das Kind bekommen willst, dir aber noch nicht sicher bist, ob du es selbst aufziehen willst oder kannst, gibt es die Möglichkeit, dass es zu einer Pflegefamilie kommt. Für eine gewisse Zeit, bis du in einer Lebenssituation bist, in der du dich bereit fühlst, dich selbst um dein Kind zu kümmern, oder auch dauerhaft. Du hast die Möglichkeit, die Pflegefamilie vorab

## BETTINA, UNGEPLANT SCHWANGER MIT 20

*Nach einem One-Night-Stand habe ich mir kurz Sorgen gemacht, dass ich schwanger sein könnte. Aber dann ging es erst mal auf Klassenfahrt, und meine Freundinnen haben mich beruhigt, sie meinten, meine Periode würde bestimmt bald kommen. Aber sie kam und kam nicht. Trotzdem habe ich es einfach verdrängt. Ich wollte einfach nicht schwanger sein. Es sind Wochen vergangen, bis ich endlich einen Termin beim Frauenarzt ausgemacht habe.*

*Dann saß ich auf dem Stuhl, und er hat mir gesagt, dass ich in der 13. Woche bin. Da war mir klar, dass es zu spät ist, um abzutreiben. Aber ich wollte das Kind nicht behalten. Daher war für mich Adoption die naheliegendste Lösung. Leider hat es mit einer Adoptionsfamilie nicht geklappt. Wenige Tage nach der Geburt meiner Tochter bin ich deswegen zum Jugendamt gegangen, um eine andere Lösung zu finden. Schnell war klar, dass meine Tochter zu einer Pflegefamilie sollte. Als es so weit war, habe ich darum gebeten, die Pflegeeltern kennenlernen zu dürfen. Sie waren mir gleich beim ersten Treffen sympathisch. Sie hatten auch schon ein älteres Pflegekind, was für mich ein gutes Zeichen war.*

*Meine Tochter wird jetzt neun Jahre alt, ich sehe sie ein paarmal im Jahr. Sie weiß, dass ich ihre Bauchmama bin, aber ihre Eltern, das sind ihre Pflegeeltern. Ihr geht es gut dort, sie wird geliebt, ihre Eltern kümmern sich wirklich gut um sie und um ihre Bedürfnisse. Sie hat einen großen Bruder und die beiden lieben sich total. Manchmal wünschte ich mir, sie wäre bei mir, aber ich würde sie nie von Mama und Papa wegreißen.*

kennenzulernen, und kannst weiterhin Kontakt zu deinem Kind halten. Rechtlich bleibst du die Mutter, auch wenn Alltagsentscheidungen von den Pflegeeltern getroffen werden.

Bei diesem Prozess unterstützt dich das Jugendamt, es bleibt dauerhaft beteiligt, solange dein Kind in der Pflegefamilie ist. Bei Bedarf natürlich auch darüber hinaus.

## Adoption

Wenn du dir sicher bist, dass es besser für dich und dein Kind ist, wenn es in einer anderen Familie aufwächst, hast du die Möglichkeit, es zur Adoption freizugeben. In diesem Fall wird das Jugendamt oder eine andere zugelassene Vermittlungsstelle schon vor der Geburt eine passende Adoptionsfamilie suchen. Zu einer Adoption müssen in der Regel beide Elternteile zustimmen. Mit der Adoption werden die Adoptiveltern zu den rechtlichen Eltern des Kindes, dies wird auch auf einer neuen Geburtsurkunde so vermerkt. Eine Adoption ist eine endgültige Entscheidung, du vertraust dein Kind einer anderen Familie an und gibst damit alle Rechte und Pflichten ab. Ob und wie das Kind, das du geboren hast, über seine leiblichen Eltern erfährt, ist Entscheidung der Adoptiveltern. Erst wenn das Kind 16 Jahre alt ist, hat es rechtlich die Möglichkeit, die Adoptionsunterlagen einzusehen und deine Identität zu erfahren.

## Vertrauliche (anonyme) Geburt

Für den Fall, dass du deine Schwangerschaft verheimlichen musst oder nicht willst, dass jemand davon erfährt, gibt es in jedem Krankenhaus die Möglichkeit einer vertraulichen oder anonymen Geburt. Dabei erfährt niemand, wie du heißt und wer du bist. Jede Schwangerschaftsberatungsstelle kann dich hierzu beraten. Solltest du dich für eine vertrauliche Geburt entscheiden, erfährt nur die Beraterin deinen echten Namen, dieser wird versiegelt in einem Umschlag aufbewahrt. Selbstverständlich unterliegt die Beraterin der Schweigepflicht.

Für die Geburt im Krankenhaus und alle weiteren Unterlagen wählst du ein Pseudonym (Deckname) aus. Die Geburt kann ansonsten ganz normal im Krankenhaus oder mit einer Hebamme stattfinden. Nach der Geburt wird es keinen Kontakt mehr geben, dein Kind wird bei einer Pflege- oder Adoptionsfamilie aufwachsen.

Wenn das Kind 16 Jahre alt ist, bekommt es über das Jugendamt die Möglichkeit, deinen Namen zu erfahren und zu dir Kontakt aufzunehmen.

## Babyklappe

Wenn du kurz nach der Geburt nicht mehr weiterweißt und dich nicht um das Baby kümmern kannst, gibt es in vielen Städten Babyklappen: Hier kannst du dein Kind abgeben, ohne dass dich jemand sieht oder erfährt, dass du die Mutter bist. Das Kind ist in Sicherheit und wird gut versorgt werden, anders als wenn es im Freien ausgesetzt wird.

Die Babyklappen befinden sich meist an einem versteckten Ort des Krankenhauses, sodass dich niemand beobachten kann. Hier kann das Baby in einem warmen Bettchen in einer Art großen Schublade abgelegt werden. Sobald ein Baby abgelegt wurde, ist die Klappe nur noch von innen durch das Krankenhauspersonal zu öffnen. Natürlich kannst du auch persönliche

Gegenstände dazulegen, einen Brief oder eine Karte mit dem Namen, den du schon ausgesucht hast. Solltest du es bereuen, dein Kind in der Babyklappe abgegeben zu haben, kannst du dich in den Tagen danach an das Krankenhaus wenden, über einen Bluttest ist einfach zu beweisen, dass du die Mutter bist. Du musst keine Strafe befürchten.

## EXTREMSITUATIONEN

Ungeplante Schwangerschaften sind für sich schon eine Ausnahmesituation im Leben jeder Betroffenen. Einige Umstände verschlimmern diese Ausnamesituation deutlich. Dazu zählen Schwangerschaften, die die körperliche oder geistige Gesundheit oder gar das Leben der Schwangeren gefährden, sowie Schwangerschaften, die durch eine Vergewaltigung entstanden sind. Diese Ausnahmesituationen sind sehr selten, aber eben sehr dramatisch.

Auch Schwangere, die sich ein Kind gewünscht haben und im Laufe der Schwangerschaft von einer Erkrankung des Embryos erfahren und deshalb den Abbruch der eigentlich gewünschten Schwangerschaft in Erwägung ziehen, befinden sich in einer absoluten emotionalen Notlage.

### Schwangerschaft als Gesundheitsrisiko

Jede Schwangerschaft ist eine große Belastung für die Schwangere, mental wie physisch. In seltenen Fällen wird aus dieser Belastung ein erhebliches Gesundheitsrisiko, das im Extremfall lebensbedrohlich sein kann. Dazu gehört zum Beispiel eine früh auftretende Präeklampsie/Eklampsie, früher umgangssprachlich als Schwangerschaftsvergiftung bezeichnet. Bei einem schweren Verlauf dieser Erkrankung treten eine Reihe von Symptomen auf, von Bluthochdruck über Eiweiß im Urin bis hin zu schweren Krampfanfällen. Bei einer Eklampsie sind mehrere Organe betroffen, und die einzige wirksame Behandlung ist die sofortige Beendigung der Schwangerschaft. Oft tritt eine schwere Eklampsie erst gegen Ende der Schwangerschaft auf, sodass das Baby schon lebensfähig ist und entweder per Kaiserschnitt oder mittels vaginaler Geburt auf die Welt kommen kann. Bei einer Eklampsie vor der 25. Woche ist ein Abbruch der Schwangerschaft lebensnotwendig für die betroffene Frau.

Auch psychische Belastungen während oder durch die Schwangerschaft können ein Grund für einen Abbruch sein. Dazu zählen schwere Depressionen und akute Suizidgedanken, die im Zusammenhang mit der Schwangerschaft stehen.

In Fällen, in denen die körperliche oder seelische Gesundheit der Schwangeren stark gefährdet ist, kann eine Ärztin bescheinigen, dass ein Schwangerschaftsabbruch aus medizinischen Gründen notwendig ist. Sie stellt dann eine sogenannte „medizinische Indikation" fest. Zwischen der Diagnose der konkreten Ursache, die den Abbruch erforderlich macht, und der Ausstellung der Indikationsbescheinigung müssen drei Tage liegen. Ein Beratungsgespräch ist nicht verpflichtend, kann aber jederzeit in Anspruch genommen werden. Der Abbruch der Schwangerschaft ist rechtlich auch nach der 14. Woche ohne zeitliche Einschränkung möglich, jedoch führen nur äußerst wenige Ärztinnen in Deutschland Abbrüche nach der 20. Woche durch. Bei einer medizinischen Indikation übernimmt die Krankenkasse die Kosten für den Abbruch.

## Schwanger nach einer Vergewaltigung

Wenn es nach einer Vergewaltigung zu einer Schwangerschaft kommt, ist ein Schwangerschaftsabbruch bis zur 14. Woche ohne weitere Begründung legal möglich. Dafür ist es nicht erforderlich, den Täter anzuzeigen, es ist ausreichend, der behandelnden Ärztin die Umstände zu schildern. Diese stellt eine Bescheinigung über eine sogenannte „kriminologische Indikation" (Straftat als Abbruchgrund) aus. Damit entfallen die Beratungspflicht und die dreitägige Bedenkfrist. Selbstverständlich sind Schwangerschaftsberatungsstellen auch in dieser absolut schrecklichen Situation für alle Betroffenen da, um ihnen mit Rat beiseitezustehen.

Die Kosten für den Abbruch nach kriminologischer Indikation werden automatisch von der Krankenkasse übernommen.

Vergewaltigung wird in der öffentlichen Debatte oft als akzeptabler Grund für einen Schwangerschaftsabbruch genannt, es entsteht der Eindruck, dass ein Mensch schreckliche sexuelle Gewalt erfahren haben muss, um sich straffrei gegen eine Schwangerschaft entscheiden zu dürfen. In der Realität liegt der Anteil der Abbrüche, die wegen eines Sexualdelikts erfolgen, bei unter 1 %.

## Schwangerschaftsabbruch nach Pränataldiagnose

Seit einigen Jahren gibt es immer frühere und genauere Möglichkeiten, schon während der Schwangerschaft die Gesundheit des Embryos zu untersuchen, die sogenannte pränatale Diagnostik. Dazu gehören die Nackenfaltenmessung mittels Ultraschall, Untersuchungen des embryonalen Erbguts mittels Fruchtwasseruntersuchung oder über einen Bluttest der Schwangeren.

Diese Untersuchungen sollen mögliche Fehlbildungen, Krankheiten und Entwicklungsstörungen frühzeitig erkennbar machen. In vielen Fällen wird Pränataldiagnostik von der Krankenkasse übernommen, auch wenn insbesondere Behindertenverbände diese Untersuchungen sehr kritisch sehen, da potenziell behinderte Föten oft auf Basis pränataler Diagnosen abgetrieben werden.

Manche werdenden Eltern erfahren durch diese Untersuchungen schon während der Schwangerschaft von einer möglichen Behinderung ihres Kindes und stehen dann vor der schwierigen Frage, ob sie sich ein Leben mit einem behinderten Kind vorstellen können oder ob sie die eigentlich gewünschte Schwangerschaft abbrechen. In seltenen Fällen sind Fehlbildungen so stark, dass absehbar ist, dass das Kind nach der Geburt nicht überleben wird. Schwangere müssen dann entscheiden, ob sie die Schwangerschaft trotzdem austragen oder abbrechen, um möglicherweise sich selbst und dem zukünftigen Kind Leid zu ersparen. Fachlich wird in diesen Fällen von der „medizinischen Indikation“ gesprochen, wenn also aus gesundheitlichen Gründen ein Schwangerschaftsabbruch vorgenommen wird. Es gibt bei medizinischer Indikation keine Beratungspflicht und keine Bedenkfrist, der Abbruch ist auch bei einer fortgeschrittenen Schwangerschaft noch möglich. Weil er als medizinisch notwendig gilt, wird er vollständig von der Krankenkasse übernommen.

Da die Schwangerschaft ursprünglich gewünscht war, ist das eine grundlegend andere Situation als bei einer ungewollten Schwangerschaft, bei der eine Betroffene sich selbst gegen die Fortführung der Schwangerschaft entscheidet. Egal aus welchem Grund ein Abbruch stattfindet, alle Menschen haben ein Recht darauf, gerade in einer solchen Ausnahmesituation gut betreut und versorgt zu werden. Dieses Buch richtet sich jedoch primär an ungewollt Schwangere, die einen Abbruch nach der Beratungsregelung in Erwägung ziehen.

# 3 – Es ist allein deine Entscheidung

**In diesem Kapitel erfährst du …**

- Wie du eine selbstbestimmte Entscheidung triffst
- Was deine Entscheidung leicht oder auch schwer macht
- Welche Fragen du dir vor der Entscheidung stellen solltest
- Welche Strategien bei der Entscheidungsfindung helfen können

Dieser Ratgeber wird dir nicht sagen, wie du dich entscheiden sollst. Das kannst und darfst nur du selbst. Aber dieses Kapitel soll dir helfen, die für dich richtige Entscheidung zu treffen.

Es ist absolut verständlich, wenn du erst mal nicht weißt, was du tun sollst oder willst, wenn du von einer ungeplanten Schwangerschaft erfährst. Die wenigsten Menschen haben einen Plan in der Schublade für eine Situation, mit der sie nicht gerechnet haben. Erst recht nicht, wenn es sich um eine so weitreichende Entscheidung mit enormen Auswirkungen auf dein eigenes Leben und gegebenenfalls das Leben eines zukünftigen Menschen handelt. Vielleicht willst du die Tatsache, dass du schwanger bist, am liebsten verdrängen und dich nicht damit beschäftigen. Für ein paar Tage ist das auch ok. Aber du wirst eine Entscheidung treffen müssen. Denn keine Entscheidung zu treffen, heißt sehr wahrscheinlich, dass du schwanger bleibst, dass du ein Kind bekommen wirst, für das du verantwortlich bist. Und das ist eine Entscheidung, die bewusst getroffen werden sollte. Jedes Kind sollte gewollt sein, auch wenn es nicht geplant war.

**Niemand darf dich überreden!**

Es ist unter Strafe verboten, eine schwangere Person zu einem Schwangerschaftsabbruch zu nötigen oder sie unter Druck zu setzen, die Schwangerschaft auszutragen. Solltest du das Gefühl haben, dass der potenzielle Vater oder andere Personen in deinem Umfeld, z. B. deine Eltern, dich unter Druck setzen, eine bestimmte Entscheidung zu treffen, kannst du dich vertrauensvoll an eine Beratungsstelle wenden (Adressen am Ende des Buches). Die Berater*innen werden dich dabei unterstützen, eine freie, selbstbestimmte Entscheidung zu fällen.

## (K)EINE SCHWERE ENTSCHEIDUNG

Wenn eine von zwei Optionen deutlich besser ist als die andere, fällt es leicht, eine Entscheidung zu treffen. Das muss nicht mit objektiven Kriterien bewertbar sein, es muss nur für dich klar sein, dass eine Option besser ist.

Bei schweren Entscheidungen fehlt diese Klarheit, die vorhandenen Optionen fühlen sich gleich gut an oder vielleicht auch so, als wären sie gar nicht miteinander vergleichbar. Etwas weiter hinten in diesem Kapitel erfährst du, welche Strategien es für den Umgang mit schweren Entscheidungen gibt.

Es gibt Frauen, für die die Entscheidung über eine ungeplante Schwangerschaft schwierig ist oder denen sie schwerfällt. Das heißt aber nicht, dass es unbedingt auch für dich schwer sein muss, dich zu entscheiden. Egal wie geplant oder ungeplant deine Schwangerschaft war, es ist absolut legitim, wenn du sofort weißt, welchen Weg du gehen willst. Du weißt selbst, was für dich am besten ist.

Wenn du dir sicher bist, dass du zum jetzigen Zeitpunkt kein Kind bekommen willst, kannst du dieses Kapitel auch überspringen. Wenn du überrascht bist, dich aber schon vom ersten Moment an darauf gefreut hast, ein Baby zu bekommen, darfst du dieses Buch gern sofort wieder zuklappen und es für später oder jemand anderen aufheben.

So oder so solltest du dir von niemandem einreden lassen, dass du es dir „besser" überlegen solltest. Stattdessen solltest du dir Menschen suchen, die dich auf deinem Weg unterstützen, emotional, aber auch ganz praktisch. Für viele ist das der eigene Mann oder Partner, eine gute Freundin oder ein Familienmitglied.

Wenn du das Gefühl hast, niemanden in deinem Umfeld zu haben, der oder die dich in deiner Entscheidung unterstützt, kannst du dich auch mit diesem Anliegen an eine Beratungsstelle wenden.

## WER ODER WAS BEEINFLUSST DEINE ENTSCHEIDUNG?

Um deine eigene, für dich richtige Entscheidung zu treffen, ist es wichtig, dir bewusst zu machen, welche Menschen oder Faktoren deine Meinung beeinflussen. Auch wenn niemand aktiv versucht, dich zu einem bestimmten Schritt zu überreden, spielen die Menschen in unserem Umfeld und ihre Meinungen eine große Rolle für unsere persönlichen Entscheidungen. Genauso, wie die kulturellen oder religiösen Werte, mit denen wir aufgewachsen sind, und die Gesellschaft, in der wir leben, uns prägen.

Wenn du dir noch nicht sicher bist, wie du dich entscheiden willst, oder du schwankst, ob die Option, zu der du tendierst, wirklich die richtige für dich ist, kann es helfen zu reflektieren, wer und was dein Nachdenken über die Schwangerschaft beeinflusst. Natürlich ist die Meinung des potenziellen Vaters, der vielleicht dein Partner ist, wichtig. Wenn ihr eine gute Beziehung zueinander habt, solltet ihr offen und ehrlich darüber reden können, wie er zu einem möglichen gemeinsamen Kind oder einem Abbruch steht. Für viele Paare ist die Situation einer ungewollten Schwangerschaft eine Belastungsprobe. Paare, die schon vorher eine gemeinsame Familienplanung hatten, treffen die Entscheidung für oder gegen eine Schwangerschaft meist gemeinsam. Wenn dich dein Partner beim Prozess vor und während eines Abbruchs unterstützt, mental und ganz praktisch, macht das die ganze Erfahrung deutlich weniger belastend. Manche Männer wachsen über sich hinaus, wenn sie auf diese Art gebraucht werden, umsorgen ihre Partnerin und übernehmen alle organisatorischen Aufgaben, wie zum Beispiel die Vereinbarung des Beratungsgesprächs. Kapitel 7 gibt weitere Anregungen dafür, was dein Partner für dich tun kann.

Gerade wenn du in einer Beziehung bist, darfst du auch einfordern, dass er sich gemeinsam mit dir mit der Situation auseinandersetzt, denn er war ja auch daran beteiligt, dass es zu einer Schwangerschaft gekommen ist. Wenn dir das lieber ist, vielleicht weil eure Beziehung gerade nicht so gut ist, darfst du natürlich auch ganz allein entscheiden. Dass ein Mann bei der Zeugung dabei war, heißt nicht, dass er ein Recht darauf hat, ein Kind zu bekommen, wenn du das nicht willst. Genauso wenig, wie er dich zu einem Abbruch drängen darf. Manche Männer machen sehr deutlich, dass sie sich nicht um ein Kind kümmern werden, und versuchen sich aus der Verantwortung zu stehlen, was die Entscheidung der Schwangeren sicher beeinflusst. Wenn du die Schwangerschaft fortsetzen und ein Kind bekommen willst, ist der Vater trotzdem unterhaltspflichtig.

Im besten Fall ist dein Partner für dich da und steht dir bei, wissend, dass es dein Körper ist und die Entscheidung deshalb letztendlich bei dir liegt.

Vielleicht wünschen sich auch deine Eltern schon lange Enkelkinder und haben dich schon oft danach gefragt. Natürlich ist es legitim, sich vorzustellen, wie sehr sie sich freuen würden, wenn du ihnen von der Schwangerschaft erzählst. Aber weder die Erwartungen noch die Freude deiner Eltern sind wichtiger als deine Gefühle zu einem möglichen Kind.

Möglicherweise ist es auch genau umgekehrt, und der Gedanke an deine Eltern weckt bei dir keine positiven Erinnerungen, weil deine eigene Kindheit vielleicht nicht sonderlich glücklich war. Du machst dir Sorgen, dass du nicht weißt, wie das geht, eine gute Mutter, gute Eltern zu sein, und willst nicht, dass einem zukünftigen Kind ähnliche Erfahrungen wie dir drohen. Diese Sorge ist verständlich. Aber du bist ein anderer Mensch als deine Eltern, und wenn du ein Kind willst, kannst du dir Unterstützung suchen und ganz sicher liebevoll ein Kind großziehen.

Bekommen alle deine Freund*innen gerade Kinder? Oder kennst du noch niemanden in deinem Umfeld mit Kindern? Auch solche Situationen können indirekt Druck aufbauen, dich für die eine oder die andere Option zu entscheiden.

Wie wird in deiner Familie, in deinem Umfeld über Abtreibungen gesprochen? Kennst du andere Personen, die Erfahrung mit einer ungeplanten Schwangerschaft, vielleicht auch mit einem Abbruch haben? Welche Geschichten, Gedanken, welche (Vor-)urteile verbindest du mit ihnen?

Immer weniger Menschen bezeichnen sich als religiös, trotzdem prägen uns Wertvorstellungen, die durch Kirchen oder Religionen vermittelt werden. Einige konservative Gruppen, sowohl christliche als auch muslimische und jüdische, vertreten vehement die Position, dass Abbrüche aus religiöser Sicht verboten sind. Aber es gibt auch die „Catholics for Choice", es gibt jüdische Gelehrte, die das Leben der Frau zur Priorität machen und daher aus religiösen Gründen ein Recht auf Abtreibung fordern, und es gibt muslimische Gelehrte, die der Meinung sind, dass Abbrüche in den ersten Wochen akzeptabel sind. Das ist natürlich nur eine kleine Auswahl von Religionen und Positionen. In allen Weltreligionen gibt es verschiedene Texte, Theorien und Umgangsweisen, was Schwangerschaftsabbrüche betrifft, die an dieser Stelle nicht umfassend wiedergegeben werden können.

Wenn du gläubig bist oder in einem religiösen Umfeld lebst und es dir wichtig ist, deinen Glauben und deine Entscheidung über die Schwangerschaft in Einklang zu bringen, kannst du auch eine konfessionell geprägte Beratungsstelle aufsuchen.

In den letzten Jahren sind rechtskonservative politische Strömungen stärker geworden, die unter anderem das Selbstbestimmungsrecht von Frauen einschränken wollen. Entlarvend ist, dass sie sich vermeintlich für den „Schutz von ungeborenem Leben" einsetzen, das aber vor allem dann tun, wenn es um die Schwangerschaften von weißen heterosexuellen Frauen geht. Eine Haltung, die schon in Nazi-Deutschland Gesetz war. Damals war es deutschen Frauen verboten abzutreiben, nicht-„arische", behinderte oder aus anderen Gründen als „unwürdig" deklarierte Menschen wurden hingegen massenweise zwangssterilisiert, sie und ihre Kinder wurden verfolgt und ermordet.

Heute hetzen Abtreibungsgegner*innen, dass ein Schwangerschaftsabbruch Mord sei. Schon lange haben Gerichte geklärt, dass es nicht nur falsch, sondern eine strafbare Beleidigung ist, Abtreibung mit Mord gleichzusetzen. Trotzdem macht dieser Vergleich etwas mit allen, die ihn einmal gehört oder gelesen haben. Als gedankliches Gegengift könnte das Statement „Abtreibung ist Liebe" helfen. Schließlich hat die Entscheidung gegen eine Schwangerschaft auch immer mit Liebe zu tun. Menschen entscheiden sich für einen Abbruch, weil sie ihr Leben ohne Kind lieben, in liebevoller Fürsorge für den eigenen Körper und die eigene Psyche, oder aus Liebe zu bereits existierenden Kindern. Sogar aus Liebe zu dem Kind, das sie nicht bekommen, weil die Umstände nicht die richtigen sind.

Auf jeden Fall ist es ein unumstößlicher Fakt, dass Abtreibung normal ist. Es wurde in den vorherigen Kapiteln schon erwähnt, aber es kann nicht oft genug betont werden und sollte wirklich zum Allgemeinwissen gehören: Statistisch gesehen entscheidet sich jede vierte Frau im Laufe ihres Lebens einmal für den Abbruch einer Schwangerschaft.

## HÜLYA, EHEMALIGE BERATERIN IN EINER SCHWANGERSCHAFTSBERATUNGSSTELLE

*Einmal kam eine strenggläubige Muslima zum Beratungsgespräch. Sie hatte schon drei Kinder, das jüngste konnte gerade laufen. Nach der Geburt des dritten Babys litt sie so stark unter Depressionen, dass sie in einer Klinik behandelt werden musste und mehrere Wochen nicht für ihre Familie da sein konnte. Jetzt war sie wieder schwanger und völlig verzweifelt. Sie wusste, dass sie keine Kraft für eine weitere Schwangerschaft und ein viertes Kind hatte, und ging davon aus, dass ihre Depression wiederkommen würde. Sie erzählte, dass ihr Kopf ihr sage, dass sie die Schwangerschaft beenden müsse. Aber aus religiöser Sicht war*

### Wer oder was beeinflusst deine Entscheidung

Nimm dir ein Blatt Papier und notiere dir, wie du die folgenden Aussagen ergänzen würdest. Du kannst natürlich auch mehrere Antworten oder Stichpunkte zu einer Aussage sammeln.

- **Mein erster Gedanke, als ich erfahren habe, dass ich schwanger bin, war ...**
- **Als mein Partner von der Schwangerschaft erfahren hat, ...**
- **Kinder sind für mich ...**
- **Meine Familie erwartet von mir, ...**
- **Menschen, die eine Schwangerschaft abbrechen, sind ...**
- **In meinem Umfeld gelten Abbrüche als ...**

*sie immer der Überzeugung gewesen, dass Abtreibung „haram", also eine Sünde sei, und sie machte sich große Sorgen, dass Allah ihr nicht vergeben würde. Da habe ich ihr gesagt: „Wenn ich als einfacher Mensch nachvollziehen kann, warum Sie in Ihrer Situation einen Abbruch machen müssen, wird Gott, unser Schöpfer, es erst recht verstehen." Da hellte sich ihr Gesicht auf, so erleichtert war sie. Sie bedankte sich, bekam den Beratungsschein und bat mich, sie zum Arzttermin zu begleiten. Später beriet ich sie zu Verhütungsmethoden.*

## DR. CATHERINE NEWMARK, PHILOSOPHIN

*In der Abtreibung liegt natürlich ein moralischer Konflikt, und oft auch ein emotionaler. Das Argument für die Freiheit des Schwangerschaftsabbruches ist viel simpler – und viel grundlegender: Es geht um Autonomie. Wenn man Frauen nicht die autonome Entscheidungsfreiheit über ihr Leben, ihren Körper, ihr Selbst absprechen will, muss es die Option einer Abtreibung geben, eben weil Frauen auch ungewollt schwanger werden können – durch Unfälle etwa, oder Übergriffe.*

*Nun hat natürlich die Freiheit jedes Einzelnen ihre Grenze in der Freiheit und den Rechten der anderen. Und ohne Zweifel wird es schwieriger, die Autonomie der Schwangeren über den eigenen Körper absolut zu setzen, je menschenähnlicher ein Fötus wird, und je mehr er sich der unabhängigen Lebensfähigkeit nähert. Aber die moralisch so komplizierten Spätabtreibungen sind extreme Ausnahmen. Für die Freiheitsrechte von Frauen gegenüber noch wenig geformten Zellen der ersten Schwangerschaftswochen einzutreten, ist moralphilosophisch deutlich weniger kompliziert. Außer für ein paar hartnäckige Fundamentalisten besteht kein Zweifel daran: Die Selbstbestimmung der Schwangeren schlägt das Schutzrecht des Zellknäuels.*

Dieser Text erschien zuerst als Kommentar im Deutschlandfunk, Dr. Catherine Newmark hat dem Abdruck in diesem Buch zugestimmt.

### Ist ein Embryo schon ein Mensch?

Wann genau das Leben beginnt, können weder Biolog*innen noch Mediziner*innen noch Philosoph*innen eindeutig beantworten. Einerseits ist schon ein Spermium ein lebendiger Organismus, andererseits kann ein Embryo bzw. ein Fötus (ab der neunten Woche spricht man vom Fötus) vor der 22. Schwangerschaftswoche außerhalb des mütterlichen Körpers nicht überleben, auch nicht mit der besten medizinischen Versorgung. Während der ersten Monate, in denen ein Embryo oder Fötus nur als Teil der Schwangeren leben und wachsen kann, sind auch Gehirn und Nervensystem nicht weit genug entwickelt, um Schmerz zu spüren. Ein Schwangerschaftsabbruch verursacht daher keine Schmerzen für den Embryo. Abtreibungsgegner*innen behaupten oft das Gegenteil, obwohl es medizinisch klar erwiesen ist.

## GUTE GRÜNDE

Über Abtreibungen wird öffentlich immer noch kaum gesprochen und wenn doch, so schwingt dabei oft eine Bewertung mit, eine Haltung, dass es Gründe gibt, die einen Abbruch eher legitimieren als andere. Meistens sind das Gründe wie eine Vergewaltigung, Schwangerschaft im Teenageralter oder eine Krankheit. Es muss dir aber nicht schlecht gehen, es muss dir nichts Schreckliches passiert sein, damit du abtreiben „darfst". Es gibt nicht nur einen guten Grund, sich gegen eine Schwangerschaft zu entscheiden. Es gibt überhaupt keine besseren oder schlechteren Gründe dafür. Du solltest zu jeder Zeit und in jeder Situation frei entscheiden können, was mit und in deinem Körper passiert. Erst recht, wenn die Entscheidung so weitreichende Konsequenzen hat, wie ein Kind in die Welt, in dein Leben zu bringen. Schon 1979 haben die Vereinten Nationen das „Übereinkommen zur Beseitigung jeder Form von Diskriminierung der Frau" (UN-Frauenrechtskonvention) verabschiedet, in dem unter anderem steht, dass alle Staaten sich dazu verpflichten, Diskriminierungen beim Zugang zu Gesundheitsversorgung, insbesondere im Zusammenhang mit Familienplanung, zu beseitigen.

Zwischen guten und schlechten Gründen für einen Abbruch zu unterscheiden, ist so eine Form der Diskriminierung, die längst verschwunden sein sollte.

## ES GIBT KEINE „SCHLECHTEN" GRÜNDE

Wenn dich das noch nicht ganz überzeugt, hilft dir vielleicht folgendes Gedankenspiel: Was wäre denn ein schlechter Grund? Nehmen wir einmal an, eine Person will eine ungeplante Schwangerschaft abbrechen, weil sie Tickets für ein Musik-Festival hat und dort uneingeschränkt feiern und auch Alkohol trinken will. Selbst wenn man das für einen sehr egoistischen und darum „schlechten" Grund hält, würde man es wahrscheinlich nicht für die beste Idee halten, dass jemand ein Kind bekommt, der in einer Lebensphase ist, in der Partys die höchste Priorität haben. Ist das Festival dann vielleicht für diese Person doch ein guter Grund, jetzt kein Kind zu bekommen? (Abgesehen davon, dass es ohnehin keine gute Idee ist, unsere eigenen Wert- und Moralvorstellungen auf andere zu projizieren. Unabhängig und ungebunden Kunst und Kultur genießen zu können, ist das gute Recht eines jeden Menschen!)

### Schwanger unter 18 – wer entscheidet

Wenn du noch nicht volljährig bist, ist dein Recht, selbst über deinen Körper zu bestimmen, zusätzlich eingeschränkt. Die Gesetzeslage ist absichtlich etwas vage, entscheidend ist die „psychische Reife", die von der behandelnden Ärztin eingeschätzt werden muss. Bei 16- und 17-Jährigen wird in der Regel davon ausgegangen, dass sie reif genug sind, die Entscheidung über eine Schwangerschaft für sich selbst zu treffen.
In Österreich und der Schweiz können sich auch Schwangere unter 16 ohne Einbeziehung der Eltern für einen Abbruch entscheiden, in der Schweiz müssen sie sich davor bei einer Beratungsstelle für sexuelle Gesundheit beraten lassen.
In Deutschland wird bei 14- und 15-Jährigen individuell entschieden, deine Ärztin wird dazu gegebenenfalls mit einer Kollegin oder der Mitarbeiterin in der Beratungsstelle, die du besucht hast, Rücksprache halten, um rechtlich auf der sicheren Seite zu sein. Bei unter 14-Jährigen müssen auf jeden Fall die Eltern einbezogen werden. Sollten deine Eltern deine Entscheidung nicht unterstützen, kann sehr kurzfristig beim Jugendamt eine gerichtliche Vormund-

schaft beantragt werden, damit von unabhängiger Seite deine Entscheidungsreife beurteilt werden kann. Nähere Informationen dazu bekommst du bei deiner Beratungsstelle oder bei der vertraulichen Hotline des deutschen Familienministeriums unter 0800 – 40 40 020. Auch deine Ärztin, eine Vertrauenslehrerin oder ein Familienmitglied, das deine Entscheidung unterstützt, kann mit dir den Antrag beim Jugendamt stellen.

## DEIN GRUND IST GENUG!

Es ist absolut ok, einen vermeidbaren Verhütungsfehler gemacht zu haben, das passiert selbst den aufgeklärtesten und verantwortungsvollsten Menschen. Frauen werden ungeplant schwanger, auch wenn sie die Pille nehmen, manchmal sogar, wenn sie eine Spirale liegen haben, und fast alle, die regelmäßig Kondome benutzen, haben schon einmal ein gerissenes gesehen.

Es ist natürlich ok, sich wegen eines anstehenden Jobwechsels, eines Umzugs oder wegen Beziehungsproblemen für einen Abbruch zu entscheiden. Du kannst und du darfst dich für eine Beendigung der Schwangerschaft entscheiden, aus dem einfachen Grund, dass du jetzt nicht schwanger sein willst. Deine Entscheidung ist die richtige Entscheidung, und du bist niemandem Rechenschaft darüber schuldig!

Zu wissen, dass du dich wirklich frei entscheiden kannst, macht die eigentliche Entscheidung für viele Betroffene einfacher. Für manche aber auch nicht. Dann helfen dir hoffentlich die folgenden Abschnitte mit Strategien zur Entscheidungsfindung weiter!

## PRO- UND CONTRA-LISTE

Viele Menschen greifen in Entscheidungssituationen zu Stift und Papier, um eine Pro- und Contra-Liste aufzuschreiben. Das kann dabei helfen, die vielen Gedanken und Argumente, die dir im Kopf herumschwirren, zu sortieren. Für deine persönliche Liste können dir die Fragen auf Seite 70 und 71 als Anregung dienen, um deine eigenen Gründe für oder gegen einen Abbruch zu sammeln.

Möglicherweise ergibt sich für dich dadurch schon ein relativ klares Bild, und du kommst deiner Entscheidung ein Stück näher. Vielleicht aber auch nicht. Denn nicht jeder Punkt auf so einer Liste wiegt gleich schwer, und auch wenn auf deiner Liste am Ende mehr Gründe für einen Abbruch stehen, kann es trotzdem sein, dass der eine Punkt – „Ich will das Kind bekommen" – alle anderen überwiegt. Oder eben umgekehrt.

Und es kann gut sein, dass du deine Liste mit Argumenten füllst, und es herrscht immer Gleichstand. Du hast dir zwar viele Gedanken gemacht und sie alle festgehalten, weißt aber immer noch nicht, wie deine Entscheidung aussehen soll, und bist darüber frustriert. Das heißt aber erst mal eben nur, dass es für dich eine schwere Entscheidung ist. Und auch für schwere Entscheidungen gibt es eine Herangehensweise, die schon vielen Menschen geholfen hat.

## SCHWERE ENTSCHEIDUNGEN

Laut der Philosophie-Professorin Ruth Chang sind Entscheidungen immer dann schwer, wenn wir uns zwischen gleichwertigen Alternativen entscheiden müssen. Also Optionen, von denen keine besser oder schlechter ist oder die so unterschiedlich sind, dass man sie nicht einfach gegeneinander aufwiegen kann.

Auch die Entscheidung über eine ungeplante Schwangerschaft kann für viele unter anderem deshalb so schwer sein,

### LAURA, ABBRUCH MIT 32

*Die ersten Tage nachdem ich erfahren hatte, dass ich schwanger war, waren eine einzige emotionale Achterbahnfahrt. Ich habe in meinem Wandkalender versucht nachzuvollziehen, in welche Richtung ich tendiere. Oben ja, unten nein. Es wuchs eine Zickzacklinie.*

*Einige Tage später war meine Entscheidung gefallen. Ich war noch nicht bereit für ein Kind. Ich wusste nicht, ob mein damaliger Freund und ich gute Eltern sein würden, wir kannten uns noch nicht lange. Ich wäre auch zu dem Zeitpunkt schon finanziell in der Lage gewesen, mich und ein Kind zu versorgen, und ich hielt mich auch durchaus für reif genug (sofern man das je sein kann). Ich wusste, dass ich irgendwann Kinder wollte, und habe mich daher natürlich auch gefragt, ob allein das Gefühl, dass der Zeitpunkt nicht der richtige ist, ausreichend ist, um sich gegen eine werdende Schwangerschaft zu entscheiden.*

weil ihr Leben mit Kind nicht zwangsläufig schlechter oder besser wäre als ohne Kind. Es wäre fundamental anders.

Wenn du dich jetzt für ein Kind entscheidest, bist du sehr wahrscheinlich in einem Jahr um sechs Uhr morgens wach und kümmerst dich um ein Baby. Wenn du dich gegen ein Kind entscheidest, stehst du vielleicht trotzdem um sechs Uhr auf, um eine spontan geplante Reise anzutreten. Keines dieser Szenarios ist objektiv betrachtet besser oder schlechter. Du kannst das erste Szenario erweitern und dir vorstellen, du hättest ein

*Ich habe ein sehr enges Verhältnis zu meiner Mama, die mich selbst mit 19 Jahren bekommen und mir immer wieder gesagt hat, wie glücklich sie darüber war und ist. Bevor ich sie angerufen habe, war ich mir ziemlich sicher, dass sie so etwas sagt wie: „Wir kriegen das zusammen hin!" Stattdessen hat sie den für mich entscheidenden Satz gesagt: „Wenn du weißt, dass du zu einem anderen Zeitpunkt in deinem Leben bessere Startbedingungen für ein Kind schaffen kannst, dann ist das auch deine Verantwortung dem Kind gegenüber."*

*Damit war mein Grübeln beendet. Ich hatte nicht geplant, zu diesem Zeitpunkt ein Kind zu bekommen. Ich wusste, dass es besser sein würde, diesen Schritt später, bewusster und vorbereiteter zu gehen. Sowohl für mich als auch für ein Kind.*

Kind und könntest trotzdem ausschlafen, weil du einen Partner hast, der sich jeden Morgen um das Baby kümmert. Vielleicht macht das die Version „mit Kind" für dich attraktiver, vielleicht aber auch nicht.

Prof. Chang sagt, solch schwere Entscheidungen lassen sich nicht durch Vergleichen der Optionen lösen. Vielmehr sollte man diese Situationen als einmalige Chancen sehen, die uns daran erinnern, dass wir selbst es sind, die unser Leben gestalten. Die Fragen, die du dir stellen musst, sind also diese:

Welches Leben willst du führen?

Willst du der Mensch sein, der jetzt ein Kind bekommt?

Oder willst du der Mensch sein, der jetzt kein Kind bekommt? Dazu ist es hilfreich, sich möglichst genau vorzustellen, wie dein Leben mit einem (weiteren) Kind aussehen würde und wie dein Leben weitergehen würde, wenn du die Schwangerschaft beendest.

### Entscheidungsfindung nicht unnötig verzögern

Auf manchen Websites wird dazu geraten, auszuprobieren, wie du dich je eine Woche mit der Entscheidung für bzw. gegen die Schwangerschaft fühlst. Dafür sollst du eine Woche lang so tun, als hättest du dich für einen Abbruch entschieden, und dann eine Woche beobachten, wie es dir geht, wenn du dir vorstellst, du hättest dich entschieden, ein Kind zu bekommen.

Grundsätzlich ist das eine gute Methode, um ein besseres Gefühl dafür zu bekommen, wie sich eine Entscheidung auf dein Leben auswirkt. Im

Gegensatz zu einem neuen Job, einem Umzug oder auch der Entscheidung für oder gegen eine Beziehung zählt bei einem Schwangerschaftsabbruch allerdings jeder Tag. Mit jedem Tag wird das Zeitfenster, in dem du eine freie Entscheidung treffen kannst, kleiner. Der Embryo in dir wird größer, und die Auswirkungen einer Schwangerschaft auf deinen Körper und deine Psyche ebenso. Du solltest dir unbedingt ausreichend Zeit für deine Entscheidung nehmen, auch wenn das für dich heißt, dass du mehrere Wochen brauchst. Aber keine seriöse Beratungsstelle wird dir zu einer Methode raten, die deine Entscheidungsfindung künstlich zwei Wochen in die Länge zieht.

## WO ANFANGEN, WAS BEDENKEN?

In jedem Fall ist es hilfreich, die Entscheidung, die du treffen musst, von verschiedenen Seiten zu beleuchten. Auch wenn jede Schwangerschaft mit all ihren Umständen immer ganz individuell ist, gibt es einige Themen, über die fast alle Menschen nachdenken, bevor sie Kinder bekommen – ob geplant oder ungeplant. Dazu gehören die eigene Lebensplanung, deine physische und psychische Gesundheit sowie finanzielle Ressourcen. Im nächsten Abschnitt findest du konkrete Fragen zu den wichtigsten dieser Themen. Du kannst diese Fragen für deine eigene Pro- und Contra-Liste verwenden und du kannst sie nutzen, um dir die Versionen deines Lebens mit und ohne Kind besser vorzustellen.

Die Frageliste ist natürlich nicht abschließend und sie ist erst recht kein „Test". Auch wenn du eigentlich nie Kinder wolltest, gerade kein Einkommen hast und dein Partner dich nicht unterstützt, kannst du dich selbstverständlich für die Schwangerschaft entscheiden, wenn sich das für dich richtig anfühlt. Genauso wie du dich gegen die Schwangerschaft entscheiden kannst, auch wenn vermeintlich alle Rahmenbedingungen dafür sprechen, ein Kind zu bekommen.

**Die wichtigsten Fragen zur Entscheidung über eine Schwangerschaft**

- Will ich grundsätzlich ein Kind (oder mehrere Kinder) haben?
- Will der potenzielle Vater das Kind bekommen?
- Wie ist meine Beziehung zum Vater des Kindes?
- Kann ich mir vorstellen, alleinerziehend zu sein?
- Würden mich mein Umfeld, meine Familie und meine Freund*innen, unterstützen?
- Bin ich finanziell in der Lage, mich und ein Kind zu versorgen? (Für jedes Kind bekommt man in Deutschland derzeit je 250 € Kindergeld pro Monat, ggf. stehen dir weitere staatliche Unterstützung oder auch Unterhaltszahlungen des Vaters zu. Siehe dazu auch Kapitel 2.)

- **Kenne ich Menschen mit Kindern, und wie gefällt mir ihr Lebensmodell?**
- **Fühle ich mich reif genug und bin ich psychisch dazu in der Lage, ein Kind zu bekommen und großzuziehen?**
- **Was würde sich in meinem Leben ändern, wenn ich jetzt ein Kind bekomme? Beruflich, in meiner Beziehung, in meiner Freizeit?**

## UMENTSCHEIDEN

Bis du deine Entscheidung triffst, wirst du wahrscheinlich mehrmals das Gefühl haben, eher zur einen und dann wieder zur anderen Option zu tendieren. Das ist vollkommen normal und Teil des Entscheidungsprozesses. Steht die Entscheidung einmal fest, fühlen sich viele Frauen erleichtert, weil sie jetzt einen klaren Weg vor sich haben, den sie beschreiten können. Aber es kann auch sein, dass du nach ein paar Tagen merkst, dass deine Entscheidung sich doch nicht richtig anfühlt. Vielleicht haben sich äußere Faktoren verändert, in deiner Beziehung, auf deinem Konto, in deiner Wohnung. Vielleicht veranlassen dich die körperlichen Veränderungen durch die Schwangerschaft zu einem Umdenken. Vielleicht ist es einfach ein Gefühl, das dich jetzt in die andere Richtung zieht. All das ist ok!

Wenn du denkst, dass du zu sehr hin- und herschwankst, kann dir ein Gespräch mit einer erfahrenen Beraterin weiterhelfen. Du kannst diese Beratung sooft du willst in Anspruch nehmen. Aber natürlich kannst du auch deine Entscheidung jederzeit selbstständig ändern, bis zu einem gewissen Zeitpunkt jedenfalls. Auch wenn du zunächst davon ausgegangen bist, die Schwangerschaft fortzusetzen, kannst du dich bis zum Ende der 14. Schwangerschaftswoche (in der Schweiz bis zum Ende der zwölften Woche) für einen Abbruch entscheiden.

Wenn du dich bereits entschieden hattest, die Schwangerschaft abzubrechen, kannst du auch diese Entscheidung selbstverständlich ändern. Auch nachdem du schon einen Termin dafür vereinbart hast und selbst während des Termins. Bei einem medikamentösen Abbruch kannst du dich bis zur Einnahme der ersten Tablette umentscheiden. Bei einem operativen Abbruch wird dich die behandelnde Ärztin direkt vor dem Eingriff fra-

### THOMAS, ABBRUCH DER FREUNDIN MIT 18

*Ich war bei einem Treffen der Schülerzeitung, als meine Freundin anrief und mir sagte, dass sie schwanger sei. Es war für uns beide ein „Oh Shit!"-Moment. Ein Kind zu bekommen, stand für keinen von uns zur Debatte, überhaupt nicht. Unsere Entscheidung stand daher extrem schnell fest.*

*Ich habe sie zu dem Beratungsgespräch gefahren, ein paar Tage später zur Klinik und wieder nach Hause, um mich dort um sie zu kümmern.*

*Natürlich haben wir über die Konsequenzen nachgedacht. Wir haben auch kurz durchgespielt, was passieren würde, wenn wir das Kind bekämen. Aber uns beiden war klar, dass wir dazu nicht bereit waren. Wir hatten kein Einkommen, keine Lebenserfahrung, keine Zukunftspläne. Wir waren unvorsichtige Teenager, denen ein Unfall passiert war. In der Situation waren wir einfach nur froh über die Möglichkeit, das so zu lösen, dass es uns nicht alles zerschießt. Denn das hätte es an der Stelle, es hätte unser beider Leben gestoppt, bevor es so richtig angefangen hatte.*

gen, ob du dir sicher bist, dass du die Schwangerschaft beenden willst. Du kannst und darfst auch diese Frage verneinen und dich entweder zum Austragen der Schwangerschaft oder innerhalb der Frist zum Verschieben des Abbruchs entscheiden.

*Das soll jetzt gar nicht entmenschlichend klingen, aber für uns ging es nie um ein kleines süßes Baby. Es war ja noch in den allerersten Wochen. Es hätte ein Mensch daraus werden können, hätten wir das gewollt. Aber das wollten wir damals nicht. Eigentlich wollte ich überhaupt nie Kinder in die Welt setzen, gerade als ich jung war, war das absolut nicht Teil meiner Lebensplanung.*
*Heute habe ich selbst so einen kleinen Menschen zu Hause, und jedes Mal, wenn ich in den Raum komme, strahlt mein Kleiner übers ganze Gesicht. Ich glaube, ich bin heute ein ziemlich guter Vater. Aber das war ein langer Weg. Damals wäre ich das nicht gewesen, nicht ansatzweise. Das wäre für dieses Kind eine Katastrophe gewesen. Ich war und bin überzeugt, dass wir damals die richtige Entscheidung getroffen haben.*

WICHTIG!
BERATUNG 08:30
MEDIKAMENTÖS?
TERMIN

# 4 – Vor dem Abbruch

**In diesem Kapitel erfährst du ...**

Welche To-dos du
vor dem Abbruch erledigen musst

Was dich im Beratungsgespräch erwartet

Wie du eine gute Ärztin
für den Abbruch findest

Wann und wie die Krankenkasse
den Abbruch bezahlt

Wenn du dich für einen Abbruch der Schwangerschaft entschieden hast oder dir die Option dazu offenhalten möchtest, gibt es mehrere Schritte, die du erledigen musst. Einige davon sind gesetzlich vorgegeben, z. B. kannst du ohne den Beratungsschein in Deutschland keinen Abbruch vornehmen lassen. Für viele Frauen fühlt sich das „Abarbeiten" dieser To-dos nach einem unübersichtlichen Hürdenlauf an, in einer Zeit, die für die meisten ohnehin schon anstrengend genug ist.

Damit du immer den Überblick hast, was du tun musst, sind in der folgenden Checkliste zunächst alle notwendigen Schritte zusammengefasst. Im weiteren Verlauf wird jeder Schritt genauer erläutert. Bis auf die Wartefrist, die zwingend auf das Beratungsgespräch folgen muss, ist die Reihenfolge nicht fest vorgegeben, du kannst es so einplanen, wie es für dich am besten passt.

## Checkliste der notwendigen To-dos

○ **Schwangerschaftsdauer feststellen lassen**

- Selbst berechnen (siehe Kapitel 2, S. 37 f.)
- Bei jeder Gynäkologin möglich

○ **Beratungsgespräch und Beratungsschein**

- Beratungsstelle finden und Termin vereinbaren
- Gespräch führen (keine Vorbereitung notwendig)
- Ausweis mitbringen
- Schein gut aufbewahren

- ○ **Drei Tage vorgeschriebene Wartefrist**
  - Liegt zwischen Beratungsgespräch und Abbruch
  - Am besten für die nächsten drei To-dos nutzen!

- ○ **Ärztin für den Abbruch finden und Termin vereinbaren**
  - Praxen und Kliniken in der Nähe finden
  - Angebotene Methoden und ggf. Kosten vergleichen
  - Termine für Vorgespräch und Abbruch vereinbaren

- ○ **Kostenübernahme beantragen**
  - In einer Geschäftsstelle der eigenen Krankenkasse
  - Nachweis über geringes Einkommen notwendig

- ○ **Organisatorisches klären**
  - Begleitperson wählen und ansprechen
  - Hin- und Rückfahrt, ggf. Übernachtung planen
  - Verpflegung und Binden besorgen
  - Krankheitstage klären

## ERSTUNTERSUCHUNG BEI EINER GYNÄKOLOGIN

Sobald du weißt, dass du schwanger bist und es (vielleicht) nicht sein willst, solltest du einen Termin bei deiner Gynäkologin machen, um die Schwangerschaft bestätigen und vor allem die genaue Dauer feststellen zu lassen. Wenn du bei der Terminvergabe ansprichst, dass du dir nicht sicher bist, ob du schwanger sein willst, oder dass du sicher abbrechen möchtest, bekommst du in der Regel innerhalb von wenigen Tagen einen Termin. Sollte deine Ärztin keine freien Termine haben, kannst du auch zu jeder anderen Frauenärztin gehen.

Bei der Erstuntersuchung wirst du um eine Urinprobe gebeten, diese wird auf das Schwangerschaftshormon hCG getestet. Anschließend wird die Ärztin dich mit dem Ultraschallgerät untersuchen, um festzustellen, ob die Schwangerschaft intakt und medizinisch unauffällig ist. Anhand des Ultraschallbilds kann ab der fünften Woche die Größe der Fruchthöhle/des Embryos bestimmt und damit die Dauer der Schwangerschaft auf den Tag genau berechnet werden.

Vor der fünften Woche, also zwei bis drei Wochen nach dem entscheidenden Sex, ist auf dem Ultraschall nur eine aufgebaute Gebärmutterschleimhaut zu erkennen, die ähnlich wie am Ende des Zyklus aussieht. Bei einem positiven Schwangerschaftstest kann zu diesem Zeitpunkt noch nicht ausgeschlossen werden, dass sich die befruchteten Zellen im Eileiter einnisten. Aus diesem Grund haben viele Ärztinnen lange Zeit einen Schwangerschaftsabbruch in so frühem Stadium abgelehnt, was aber als medizinisch überholt gilt. Im Gegenteil sind frühe Abbrüche in der Regel einfacher und komplikationsärmer. Beide gängigen Methoden des Schwangerschaftsabbruchs (siehe Kapitel 5) sind auch in der sehr frühen Schwangerschaft anwendbar. Wenn sie den Eingriff selbst nicht anbietet, du aber ein vertrauensvolles Verhältnis zu deiner Ärztin hast, kannst du sie direkt fragen, ob sie dir Praxen oder Kliniken empfehlen kann.

Diese Erstuntersuchung ist weder medizinisch noch rechtlich notwendig, um einen Abbruch durchführen zu lassen. Da sie aber zusätzliche Gewissheit gibt, insbesondere bezüglich der Zeit, die dir für einen Abbruch bleibt, gehen die meisten ungewollt Schwangeren in Deutschland nach einem positiven Selbsttest zuerst zu ihrer Frauenärztin. Selbstverständlich kann die Erstuntersuchung auch gleich zusammen mit dem Vorgespräch bei der Ärztin, die den Abbruch durchführt, stattfinden.

**Auch beim Ultraschall: Du entscheidest!**

Wenn du mitgeteilt hast, dass du nicht schwanger sein willst, sollte es selbstverständlich sein, dass die Ärztin den Ultraschallbildschirm von dir wegdreht und dir sachlich beschreibt, was sie sieht. Falls du auf keinen Fall etwas sehen willst, bitte sicherheitshalber darum, dass das Gerät entsprechend gedreht wird. Sollte dir ungefragt ein Ausdruck des Ultraschallbilds ausgehändigt werden, den du eigentlich nicht haben willst, musst du ihn nicht annehmen.
Natürlich steht es dir aber auch frei, die Untersuchung genau mitzuverfolgen oder aktiv nach einem Bild zu fragen, auch diesen Wunsch solltest du äußern.

## GOLLALEH, ABBRUCH MIT 21

*Ich hatte den positiven Test in der Hand und ich wusste natürlich, dass ich abtreiben kann, ich wusste auch sofort, dass ich auf jeden Fall abtreiben will. Aber ich wusste nichts über die Methoden und ich hatte keine Ahnung, was ich alles tun muss, um abtreiben zu können, wo ich mich beraten lassen kann und all das. Meine eigene Ärztin war im Urlaub, über den Hausarzt meines Freundes wurde mir eine Gynäkologin empfohlen, die mir wiederum eine Praxis für die Abtreibung genannt hat.*

*Den Beratungsschein habe ich direkt bei der Gynäkologin bekommen, sie sagte mir, sie habe selten Patientinnen gehabt, die so entschlossen waren und ganz genau wussten, was sie wollen beziehungsweise nicht wollen. Eine wirkliche Aufklärung darüber, was genau mich erwartet, wie ich mich danach fühlen würde, war das aber nicht.*

*Drei Tage später war es so weit. Die Zeit bis dahin war die Hölle. Ich fühlte mich fremd, konnte mich niemandem anvertrauen.*

*Was ich bis zum heutigen Tag bedauere, ist die Tatsache, dass ich große Schwierigkeiten hatte, an gute Informationen zu kommen, dass ich nicht wusste, wohin mit mir und meiner Situation. Ich hatte Angst vor einer Schwangerschaftskonfliktberatungsstelle, weil ich dachte, die Beratenden dort würden eventuell versuchen, mich zu beeinflussen. Ich wünschte, ich hätte bessere Recherche-Möglichkeiten gehabt: Statt unzähliger Broschüren voll mit Infos zu Schwangerschaft und Kindererziehung – die alle richtig und wichtig sind – hätte ich gern eine einzige gefunden, in der ich mich über Abtreibungsoptionen hätte informieren können und über das, was mit mir und meinem Körper im Anschluss passieren würde.*

## DIE BERATUNGSREGELUNG

Wenn du für dich entschieden hast, dass du nicht schwanger sein willst, kannst du dich in Deutschland in den ersten 14 Schwangerschaftswochen für einen Abbruch nach der sogenannten Beratungsregelung entscheiden. Den Namen verdankt diese Regelung dem verpflichtenden Beratungsgespräch bei einer dafür zugelassenen Beratungsstelle oder Ärztin. Der Fachbegriff für die Beratung lautet Schwangerschaftskonfliktberatung.

Diese Pflichtberatung soll sicherstellen, dass alle, die abtreiben wollen, diese Entscheidung und die individuellen Umstände mit einer dafür zugelassenen Beraterin besprochen haben. Laut Gesetz soll die Beratung zum Schwangerschaftskonflikt ergebnisoffen sein, das heißt, deine Entscheidung soll weder in die eine noch in die andere Richtung beeinflusst werden.

### Beratungsgespräch so früh wie möglich führen

Auch wenn deine Entscheidung noch nicht feststeht, ist es sinnvoll, das Beratungsgespräch möglichst frühzeitig zu führen. So hältst du dir alle Optionen offen und musst – falls du dich für einen Abbruch entscheidest – nicht unnötig lange warten. Je nach Wohnort kann es zwei bis drei Tage dauern, bis du einen Beratungstermin bekommst. Vor allem aber musst du laut Gesetz nach Ausstellung des Beratungsscheins noch drei Tage warten, bis der Abbruch vorgenommen werden kann.

## DAS BERATUNGSGESPRÄCH

Das Beratungsgespräch findet in der Regel persönlich in den Räumen der jeweiligen Organisation statt. Seit der Corona-Pandemie bieten viele Stellen aber auch telefonische Beratungen an, der Beratungsschein wird dir dann per Post zugeschickt.

Wie lange das Gespräch dauert, ist individuell unterschiedlich, erfahrungsgemäß zwischen 45 Minuten und einer Stunde. Es gibt keine vorgeschriebene Beratungsdauer, das Gesetz nennt aber Mindestinhalte für das Beratungsgespräch. Das betrifft vor allem die Informationen über Hilfs- und Unterstützungsangebote, falls du dich dafür entscheiden solltest, die Schwangerschaft zu behalten.

Die Beraterin hat die Aufgabe, dir alle medizinischen, sozialen und juristischen Informationen zu geben, sowie dir praktische Unterstützung anzubieten, für den Fall, dass du die Schwangerschaft fortsetzen willst. Das umfasst auch alle deine rechtlichen Ansprüche sowie finanzielle und materielle Hilfen in diesem Fall.

Von dir wird erwartet, dass du die Gründe für den Abbruch nennst. Wichtig zu wissen ist für dich, dass es darüber hinaus keinerlei weitere Vorgaben gibt. Welche Gründe du nennst und wie ausführlich du das tust, ist ganz allein deine Entscheidung und hat keine Auswirkung darauf, ob du den Beratungsschein bekommst. Es gibt auch keine Kriterien, die entscheiden, ob deine Gründe „gut genug" sind, es ist eine Beratung, keine Prüfung. Du bist keineswegs dazu verpflichtet, dich zu rechtfertigen. Wenn du einfach sagst, dass du kein Kind willst oder jetzt kein Kind willst, ist das vollkommen ausreichend.

Das Gesetz schreibt dir vor, dieses Beratungsgespräch zu führen und deine Gründe für einen Abbruch zu nennen. Darüber hinaus kannst du weitgehend selbst bestimmen, wie lange das Gespräch dauern soll und worüber du sprechen möchtest.

Du kannst die Beratung nutzen, um noch einmal all deine Gründe für (und natürlich auch gegen) eine Abtreibung zu besprechen. Du kannst alle Fragen stellen, die du zum Abbruch, den medizinischen Details und den Rahmenbedingungen hast. Oder du kannst sagen, dass du dich gut informiert hast, deine Entscheidung feststeht und du nur da bist, um den Schein zu bekommen. Auch in diesem Fall ist die Beraterin verpflichtet, dir die gesetzlich vorgeschriebenen Informationen zu vermitteln, wird das Gespräch aber nicht unnötig in die Länge ziehen. Wenn dir die Beraterin sympathisch ist und du das möchtest, kannst du auch mit ihr über die Gefühle sprechen, die dich bewegen und vielleicht belasten.

Bei seriösen Beratungsstellen wirst du es in aller Regel mit einer gut ausgebildeten, erfahrenen Beraterin zu tun haben, die auf dich und deine Bedürfnisse eingeht. Solltest du kein gutes Gefühl bei der Person haben, kannst du das Gespräch auch einfach abbrechen und einen neuen Termin vereinbaren. Auch wenn nach deinem ersten Gespräch noch Fragen offen sind oder du das Bedürfnis hast, noch einmal mit einer Beraterin zu sprechen, kannst du jederzeit weitere Beratungsgespräche in Anspruch nehmen, vor aber auch nach einem Abbruch.

Du kannst allein zur Pflichtberatung gehen oder in Begleitung deines Partners, einer Freundin oder einer anderen Vertrauensperson. Wenn du deinen Partner und deine beste Freundin mitnehmen willst, solltest du genau das tun.

Falls du schon Kinder hast und diese zum Beratungstermin mitnehmen musst, bieten die meisten Beratungseinrichtungen zwar Spielecken im Wartebereich an, allerdings keine Betreuung während des Gesprächs.

## DER BERATUNGSSCHEIN

Nachdem du das gesetzlich vorgeschriebene Beratungsgespräch bei einer dafür zugelassenen Stelle zur Schwangerschaftskonfliktberatung durchgeführt hast, bekommst du den sogenannten Beratungsschein.

Die Bescheinigung ist genau das: ein Schein auf Papier. Darauf vermerkt sind dein Name, die Beratungseinrichtung und das Datum des Gesprächs. Die Beraterin unterschreibt und stempelt den Schein, bevor du ihn bekommst. Nur mit all diesen Angaben ist er als Beratungsbescheinigung gültig und ermöglicht dir einen straffreien Schwangerschaftsabbruch. Es gibt keine Kopie oder digitale Version, und ohne Vorlage des Scheins wird keine Ärztin in Deutschland den Eingriff durchführen. Mach dir also zur Sicherheit eine Kopie oder fotografiere den Schein mit dem Handy und verstaue ihn sicher (aber nicht so sicher, dass du ihn nicht wiederfindest!).

**Wann du keinen Beratungsschein brauchst**

Wenn du eine Schwangerschaft abbrechen willst, die durch eine Straftat (z. B. Vergewaltigung) entstanden ist, oder du die Schwangerschaft aus medizinischen Gründen nicht fortsetzen kannst, brauchst du kein Beratungsgespräch und keinen Beratungsschein. Auch die dreitägige Wartezeit entfällt. Du brauchst stattdessen eine ärztliche Bescheinigung über die kriminologische bzw. medizinische Indikation (siehe S. 45 ff). Diese kann jede Ärztin, also auch deine Hausärztin, ausstellen.

## LAURA, ABBRUCH MIT 32

*Ich war mir noch nicht ganz sicher, ob ich die Schwangerschaft abbrechen will, aber mir war klar, dass ich für die Entscheidung nicht den Rat einer Fremden brauche. Stattdessen habe ich viel mit meinem Partner und guten Freundinnen gesprochen. Den Zwang, zu einer externen Beratung gehen und einer unbekannten Person die Umstände meiner ungewollten Schwangerschaft erklären zu müssen, habe ich als ziemliche Bevormundung empfunden. Aber ob ich wollte oder nicht, ich wusste, dass ich hingehen muss, falls ich mich für die Abtreibung entscheide. Um nicht unnötig Zeit zu verlieren, habe ich den Termin ausgemacht, bevor meine Entscheidung ganz feststand. Da ich mich schon vorher mit den Umständen von Schwangerschaftsabbrüchen in Deutschland befasst hatte, wusste ich zum Glück, welche Organisationen den Schein ausstellen und neutral beraten. Obwohl ich in Berlin lebe und es mehrere gute Anlaufstellen gibt, musste ich drei Tage auf einen Termin bei Pro Familia warten.*

*Das Gespräch selbst war dafür richtig gut, ich kann es nicht anders sagen. Die Beraterin war sehr einfühlsam und ist mit mir alle Optionen durchgegangen. Dabei hat sie zu keinem Zeitpunkt auch nur ansatzweise versucht, mich in eine Richtung zu bewegen oder irgendetwas zu bewerten. Dieses „liebevolle Pokerface“ rechne ich ihr noch heute hoch an.*

*Im Anschluss an das Gespräch habe ich den Beratungsschein und eine kopierte Liste mit Berliner Praxen, die Abbrüche durchführen, ausgehändigt bekommen.*

## DIE RICHTIGE BERATUNGSSTELLE FINDEN

Den Beratungsschein, den du für den Schwangerschaftsabbruch brauchst, dürfen nur staatlich anerkannte Stellen ausstellen. Für diese Anerkennung ist eine Qualitätsprüfung notwendig, und die Organisationen müssen nachweisen, ausreichend personelle Ressourcen für die Beratung von ungeplant Schwangeren zu haben.

In vielen Orten in ganz Deutschland gibt es Beratungsangebote der öffentlichen Hand, meist beim lokalen Gesundheitsamt. Auch manche Ärztinnen haben die Zulassung, den Beratungsschein auszustellen. (Es darf nur nicht dieselbe Ärztin den Schein ausstellen, die den Abbruch durchführt.) Vor allem aber gibt es mehrere unabhängige Organisationen, die die Schwangerschaftskonfliktberatung anbieten und berechtigt sind, den Beratungsschein auszustellen. Zu den bekanntesten gehört Pro Familia e. V., die in allen 16 Bundesländern vertreten ist und circa 200 Beratungsstellen betreibt. Pro Familia ist politisch sowie religiös unabhängig und setzt sich für das Recht auf sexuelle Selbstbestimmung aller Menschen ein.

**Achtung Verwechslungsgefahr: Pro Familia und Pro Femina**

Seit einigen Jahren gibt es den Verein Pro Femina, der absolut nichts mit Pro Familia zu tun hat. Pro Familia wird mit öffentlichen Mitteln gefördert und stellt den für einen Abbruch notwendigen Beratungsschein aus.

Pro Femina bietet zwar Beratung für Schwangere an, stellt aber **nicht** den notwendigen Beratungsschein aus, sondern will „Alternativen zur

Abtreibung" aufzeigen. Medienberichten zufolge kam es schon mehrmals zu Verwechslungen, die Frauen, die den Beratungsschein brauchten, Zeit und Nerven gekostet haben. Gerade online solltest du daher genau auf die Webadresse achten!

Auch soziale Träger wie die Arbeiterwohlfahrt und der Humanistische Verband bieten bundesweit Schwangerschaftskonfliktberatungen an. Mit religiösem Bezug gibt es Einrichtungen der Diakonie, also des sozialen Diensts der evangelischen Kirche, und den Verein Donum Vitae, bei dem katholische Gläubige Beratungen anbieten, allerdings primär mit dem Ziel, Abbrüche zu vermeiden.

An vielen Orten gibt es zudem kleinere, lokale Organisationen mit professionellem, unterstützendem und ergebnisoffenem Beratungsansatz, die ebenfalls als offizielle Beratungsstellen anerkannt sind. Oft handelt es sich um Initiativen oder Vereine, die fast immer auch andere Beratungs- und Service-Angebote für Frauen und/oder Familien bieten. In vielen Beratungsstellen arbeiten mehrsprachige Berater*innen, sodass du eine Beratung in einer anderen Sprache in Anspruch nehmen kannst. Diese ist selbstverständlich rechtlich genauso gültig wie auf Deutsch.

In Österreich und in der Schweiz ist vor einem Abbruch kein Beratungsgespräch vorgeschrieben. Aber natürlich hast du auch hier das Recht und die Möglichkeit, dich vor einem Abbruch umfassend beraten zu lassen. In Österreich bietet unter anderem die Österreichische Gesellschaft für Familienplanung (ÖGF) elf „First Love"-Beratungsstellen sowie eine Online-Beratung an. Auf der Website des Verbands „Sexuelle Gesundheit Schweiz" finden sich über 70 vertrauenswürdige Beratungsstellen in der Schweiz.

Eine Liste mit den Adressen seriöser, empfehlenswerter Beratungsorganisationen in allen drei Ländern findest du in Kapitel 10.

## FALSCHE BERATUNGSSTELLEN

Leider gibt es auch eine wachsende Zahl unseriöser Organisationen, die die Beratungspflicht ausnutzen, um ungewollt Schwangere von einem Abbruch abzubringen. Gerade im Internet stellen sie sich als einfühlsame Anlaufstellen dar, warten mit einer Flut an Informationen, digitalen Selbsttests und angeblich echten Erfahrungsberichten auf. Über die Tests sowie über Foren, Chatangebote und Hotlines versuchen sie, mit Betroffenen in Kontakt zu kommen. Sie bieten dabei keine neutrale Beratung, sondern versuchen, die Betroffenen mit allen Mitteln zur Fortführung der Schwangerschaft zu überreden. Den gesetzlich vorgeschriebenen Beratungsschein stellen die meisten dieser Stellen nicht aus. Stattdessen werben sie mit allerlei „Unterstützungsangeboten" für Schwangere, die sich für ein Kind entscheiden. Oder sie nutzen manipulative Gesprächstechniken, malen Horrorszenarios aus und belästigen Klientinnen gegen deren Willen mit Kontaktversuchen, sobald sie ihre Nummer oder Mailadresse haben.

## PETRA WINKLER, PRO-FAMILIA-BERATERIN

*Viele Frauen wissen nicht, was sie erwartet in der Beratung, und kommen mit viel Verunsicherung. Ich will die Frauen, die zu uns kommen, entlasten, indem ich ihnen von Anfang an Klarheit darüber verschaffe, was sie erwartet.*

*Ich erkläre, dass es darum geht, was sie brauchen, an Informationen und an Beratung. Und dass sie natürlich den Schein bekommen. Das ist auch gesetzlich so verankert, egal was wir besprechen, auch wenn eine Frau noch nicht entschieden ist, alle bekommen den Beratungsschein.*

*Manchmal passt es auch, noch mal zu sagen, dass das eben eine Pflichtberatung ist, damit sie wissen, dass ich das auch nicht ideal finde. Es gibt einen gesetzlichen Zwang zur Beratung, aber wir wollen ganz klar die Umsetzung so angenehm wie möglich gestalten.*

*Wir wollen auf Augenhöhe beraten, eine gute, sichere Atmosphäre schaffen und auf die Bedürfnisse des Gegenübers eingehen. Die Frau, die zu uns kommt, weiß am besten über ihr Leben Bescheid, sie ist die Expertin, und wir unterstützen sie mit den Fachinformationen, die wir eben haben: zu den Methoden, zur Wahl der Ärztin, zur Kostenübernahme, auch zur Verhütung.*

*Ich frage zum Beispiel immer, wie sie nach dem Abbruch verhüten wollen. Mir geht es absolut nicht darum, Verhütungsfehler, die vielleicht passiert sind, zu thematisieren oder Frauen zu maßregeln. Aber viele sind sich gar nicht bewusst, dass sie nach einem Abbruch so schnell wieder schwanger werden können.*

*Frauen sind häufig sehr streng zu sich, wenn ich das merke, spreche ich das auch an, ob sie nicht etwas wertschätzender mit sich umgehen können. Verhütung ist wichtig, aber Sexualität hat ja auch viel mit Kopf ausschalten und sich fallen lassen zu tun, und dann denkt man vielleicht nicht mehr daran, dass man einmal die Pille zu spät genommen hat. Wenn eine Frau heterosexuell lebt, dann kann es passieren, dass es zu einer ungeplanten Schwangerschaft kommt. Da kann ich noch so gut verhüten, es kann trotzdem passieren.*

*Ich will Frauen diesen Druck nehmen, meistens funktioniert das auch.*

Dahinter stecken oft christliche Fundamentalist*innen, die der Überzeugung sind, dass Abtreibung eine Sünde sei und Frauen zum Kinderkriegen verpflichtet seien. Sie stellen die Liebe zu Kindern und die Sorge um das sogenannte „ungeborene Leben" (mehr zu diesem Begriff auf S. 189) in den Vordergrund. Für einzelne Mitglieder dieser Organisationen mag das zutreffen, aber es ist wichtig zu wissen, dass dahinter eine Ideologie steckt, der es vor allem darum geht, Schwangeren die Möglichkeit zu nehmen, selbst über ihren Körper und ihr Leben zu entscheiden. Die Anhänger*innen dieser Ideologie stehen einer aufgeklärten, selbstbestimmten Lebensweise grundsätzlich feindlich gegenüber, nicht nur im Fall von Frauen, sondern auch von Homosexuellen und allen anderen, die nicht ihrem extrem konservativen Weltbild entsprechen.

Falls du bereits in Kontakt mit einer dieser manipulativen Stellen gewesen bist und jetzt von den Berater*innen belästigt wirst, kannst du dich an eine der vertrauenswürdigen Stellen wenden und um Unterstützung gegen die unerwünschte Kontaktaufnahme und Beeinflussung bitten.

### Daran erkennst du unseriöse Beratungsstellen

Wenn du dir nicht ganz sicher bist, findest du hier Anhaltspunkte, bei denen du misstrauisch werden solltest. Wenn einer oder mehrere davon zutreffen, solltest du dir dringend eine andere Beratungsstelle suchen.

- **Die Organisation ist nicht berechtigt, den Beratungsschein auszustellen, Nachfragen dazu werden ausweichend oder unklar beantwortet.**
- **Es wird von „Baby" und „deinem Kind" gesprochen, man zeigt dir Fotos von Embryos und Babys, statt neutral von einer Schwangerschaft zu sprechen und den Fokus auf dich zu legen.**
- **Es werden dir Fragen gestellt, die keine sind, sondern die dich beeinflussen oder dir ein schlechtes Gewissen machen sollen, z. B.: „Glaubst du nicht, dass du dein Kind lieben würdest?"**
- **Das Wort „Leben" wird übermäßig oft verwendet. Neutrale Stellen betonen deine Entscheidungsfreiheit.**
- **Es wird behauptet, dass viele Frauen einen Abbruch bereuen und darunter leiden, sogar depressiv werden. Das ist eine Lüge, die dich unter Druck setzen soll! Wissenschaftliche Studien belegen das Gegenteil dieser Behauptung (siehe S. 140).**

- Auf der Website steht die Kontaktaufnahme im Vordergrund, es werden verschiedene Kanäle stark beworben, und du wirst auf mehreren Wegen aufgefordert, deine Nummer oder Mailadresse anzugeben.

- Du wirst nach dem ersten Kontakt unaufgefordert von der Beratungsstelle angerufen oder angeschrieben. Das ist definitiv unseriös! Am besten blockierst du diese Nummer sofort und löschst Nachrichten ungelesen.

- Bilder von (angeblichen!) toten Föten nach einem Abbruch würde keine seriöse Stelle zeigen. Die Fotos, die Abtreibungsgegner*innen zeigen, sind in den meisten Fällen mit Photoshop bearbeitet worden oder stammen von anderen Eingriffen und haben nur den Zweck, dich abzuschrecken. (Wie befruchtete Eizellen in den ersten Wochen wirklich aussehen, kannst du in Kapitel 8 nachschlagen.)

## DIE WARTEFRIST

Die meisten ungewollt Schwangeren wollen den Abbruch so schnell wie möglich hinter sich bringen, sobald sie die Entscheidung dafür getroffen haben. Weil die geltenden Gesetze es aber Frauen besonders schwer machen, ist eine dreitägige Wartefrist zwischen dem Beratungsgespräch und dem Eingriff vorgeschrieben. Diese „Bedenkzeit" soll verhindern, dass eine Frau „unüberlegt" oder „voreilig" eine Schwangerschaft abbricht. Das unterstellt, dass sich ungewollt Schwangere nicht mit der Tragweite ihrer Entscheidung auseinandersetzen würden oder nicht in der Lage wären, für sich selbst und in eigenem Tempo zu einer guten Entscheidung zu kommen. Das hat sehr wenig mit der Realität von ungewollt Schwangeren zu tun, die nicht nur ihre eigenen Bedenken bereits abgewogen haben, sondern auch ein verpflichtendes Beratungsgespräch geführt haben. Leider kümmert das die Gesetzgeber bisher nicht, es wird an dieser Regelung festgehalten. Es gibt nichts, was du tun kannst, um die Wartefrist abzukürzen. Sowohl du als auch deine Ärztin machen sich strafbar, wenn die drei Tage nicht eingehalten werden. Wenn du die Energie dafür hast, kannst du die Zeit nutzen, einen Brief an deine*n Bundestagsabgeordnete*n zu schreiben und sie oder ihn zur Abschaffung dieses Gesetzes auffordern.

Vermutlich hast du aber genügend andere Sachen im Kopf und den ganzen Alltag, um den du dich weiter kümmern musst; Arbeit, Ausbildung und erst recht Kinder pausieren ja nicht während dieser drei Tage. Falls du während deines Alltags Zeit dafür hast, nutzt du die drei Tage am besten, um dir etwas Gutes zu tun und dich auf den Abbruch vorzubereiten. Damit ist keine mentale Vorbereitung gemeint, denn die haben die meisten Frauen an dieser Stelle längst hinter sich, und außerdem ist ein Abbruch nicht zwangsläufig ein dramatisches Ereignis, für das du dich psychisch wappnen musst. Vielmehr geht es um ganz praktische Vorbereitungen, wie die Organisation von ein oder zwei Fehltagen im Job und der Kinderbetreuung am Tag des Eingriffs. Auch ein Einkauf kann anstehen, damit du etwas Leckeres und Wohltuendes zu essen hast, wenn du nach der Narkose wieder etwas zu dir nehmen darfst, oder während du bei einem medikamentösen Abbruch auf die Blutung wartest. Am Ende dieses Kapitels gehe ich näher darauf ein, was du alles vorbereiten musst bzw. kannst.

## DIE RICHTIGE ÄRZTIN FINDEN

Falls du noch keinen Termin für den Abbruch hast und deine Frauenärztin keine Abbrüche anbietet, nutzt du die Zeit nach dem Beratungsgespräch natürlich am besten, indem du dich auf die Suche nach einer Ärztin machst.

Aufgrund der Rechtslage, die es Ärztinnen bis vor Kurzem verboten hat, öffentlich auch nur zu erwähnen, dass sie Schwangerschaftsabbrüche vornehmen, ist es bis heute schwierig herauszufinden, in welchen Praxen und Kliniken der Eingriff überhaupt angeboten wird. Auch wenn sie selbst keine Abbrüche durchführt, kann dir oft deine eigene Gynäkologin eine Empfehlung für eine Kollegin geben, an die du dich wenden kannst. Bei einigen Beratungsstellen bekommst du nach dem Gespräch auch eine Liste mit Praxen in der Nähe. Wenn das beides nicht der Fall ist, kannst du in der Liste der Bundeszentrale für gesundheitliche Aufklärung nach einer Ärztin in deiner Nähe suchen, dort sind auch die angebotenen Methoden und Sprachen aufgeführt. Den Link zur Liste findest du am Ende dieses Buches auf Seite 206. Diese Liste enthält aber nicht alle Praxen, die Abbrüche durchführen, da die Eintragung freiwillig ist. Solltest du also eine Empfehlung für eine Ärztin bekommen, die nicht auf dieser Liste steht, ist das kein Grund für Bedenken. Auch öffentliche Krankenhäuser bieten in vielen Fällen Abbrüche an, es lohnt sich, telefonisch nachzufragen oder im entsprechenden Verzeichnis (siehe S. 206) nachzusehen. Um einen Eindruck von der Praxis und der Ärztin zu bekommen, kannst du dir auch die Bewertungen und Erfahrungsberichte auf Google oder Jameda durchlesen. Natürlich kannst du auch direkt anrufen und darum bitten, für ein kurzes Gespräch mit der Ärztin verbunden zu werden.

### Versorgungslage für ungewollt Schwangere

Aktuell gibt es in vielen Gegenden nur wenige Ärztinnen, bei denen eine Abtreibung möglich ist. Das hat mehrere Gründe: Obwohl sie so häufig sind, sind Schwangerschaftsabbrüche in Deutschland, Österreich und der Schweiz immer noch nicht Teil der gynäkologischen Ausbildung (in Frankreich und Schweden zum Beispiel schon). Um Abbrüche durchzuführen, müssen sich Ärztinnen privat ausbilden lassen, das ist für viele eine Hürde. Dazu kommen die problematische Rechtslage, die Abbrüche immer noch als Straftaten sieht, und die gesellschaftliche Stigmatisierung des Themas. Viele erfahrene Ärztinnen, die seit Langem Abbrüche durchführen,

gehen außerdem in den nächsten Jahren in den Ruhestand.
Während es in Berlin über 100 Ärztinnen gibt, die Abbrüche durchführen, sind es in Köln derzeit nur vier Praxen, die nach offiziellen Angaben den Eingriff zur Beendigung einer ungewollten Schwangerschaft anbieten. In vielen ländlichen Regionen besonders in Süd- und Westdeutschland müssen Frauen oft über 100 Kilometer zur nächsten Praxis fahren, was aus einem eigentlich kurzen Eingriff oft eine zweitägige Reise mit Übernachtung macht. Der Organisationsaufwand und die dafür anfallenden Kosten müssen die Betroffenen selbst tragen. Und dass, obwohl die Bundesländer gesetzlich dazu verpflichtet sind, ein „ausreichendes Angebot" an Praxen oder Kliniken sicherzustellen.

Leider haben ungewollt Schwangere in vielen Gegenden Deutschlands keine echte Wahlmöglichkeit, sondern müssen froh sein, wenn sie in einer der wenigen Praxen in erreichbarer Entfernung einen Termin innerhalb der gesetzlichen Frist bekommen. Trotzdem solltest du dir vor der Suche nach einer Praxis ein paar Gedanken dazu machen, was dir wichtig ist. Vielleicht werden am Schluss nicht all deine Kriterien erfüllt, aber auf jeden Fall kannst du so eine selbstbestimmtere Entscheidung fällen. Prinzipiell solltest du frei entscheiden können, ob dir ein medikamentöser Abbruch zu Hause oder ein operativer unter Narkose lieber ist. (Alle Informationen zu den Methoden bekommst du in Kapitel 5.) Vielleicht willst du lieber von einer Frau behandelt werden oder du suchst nach einer Praxis, in der deine Muttersprache gesprochen wird. All deine Wünsche sind legitim, und es sollte jeder Frau möglich sein, eine Ärztin zu wählen, die den Abbruch so durchführen kann, wie es für sie am besten ist.

**Informationen, die du bei der Suche nach der richtigen Ärztin abfragen solltest**

- Welche Methoden (operativ/medikamentös) bietet die Ärztin an?
- Welche Narkosemethoden werden bei einem operativen Abbruch angeboten? Gibt es die Wahl zwischen Vollnarkose und örtlicher Betäubung?
- Wo findet der operative Abbruch statt, in der eigenen Praxis oder in einem OP-Zentrum?
- Ist ein medikamentöser Abbruch zu Hause (oft auch als „Home Use“ bezeichnet) möglich, oder musst du dafür in der Praxis bleiben?
- Was kostet der Schwangerschaftsabbruch in dieser Praxis?
- Welchen Eindruck macht die Website? Steht dort, dass in der Praxis Abbrüche angeboten werden?
- Wie ist der Kontakt mit dem Praxispersonal? Wird dir freundlich Auskunft gegeben?

## DIE KOSTENFRAGE

Ein selbstbestimmter Schwangerschaftsabbruch ist in Deutschland und Österreich ein privat zu zahlender Eingriff, in der Schweiz werden die Kosten von der Grundversicherung abgedeckt.

In Deutschland kostet der Eingriff je nach Methode zwischen 300 € und 600 €, teilweise auch mehr. Der Grund für diese große Preisspanne liegt darin, dass Abbrüche in Deutschland keine Kassenleistung sind, sondern privat abgerechnet werden. Das heißt, jede Ärztin kann den Preis weitgehend selbst festlegen. Am besten fragst du daher schon bei der Ärztinnensuche nach den Kosten in der jeweiligen Praxis. Ein hoher Preis ist bei Schwangerschaftsabbrüchen kein Qualitätsmerkmal, oft sogar im Gegenteil: Ärztinnen, die aus feministischer Überzeugung Abbrüche anbieten und sich dementsprechend gut um ihre Patientinnen kümmern, versuchen oft, die Kosten möglichst gering zu halten.

Rein rechtlich hast du die Kosten selbst zu tragen, wenn du die Schwangerschaft auf eigenen Wunsch abbrechen willst und keine medizinische oder kriminologische Indikation vorliegt. Mindestens die Hälfte der Kosten sollte dein Mann, Freund, Liebhaber oder One-Night-Stand übernehmen. Mindestens, denn er sollte froh sein, dass er sich nur finanziell beteiligen muss. Die Belastung durch die Schwangerschaft und den Abbruch selbst musst schließlich du allein durchstehen. An dieser Stelle sei dir gewünscht, dass du einen Mann an deiner Seite hast (oder auch nur einmal auf der anderen Seite deines Bettes hattest), der von selbst auf die Idee kommt, sich an den Kosten zu beteiligen.

## KOSTENÜBERNAHME DURCH DIE KRANKENKASSE (DEUTSCHLAND)

Keine Frau sollte die Kosten für einen so wichtigen medizinischen Eingriff selbst tragen müssen, und viele können es schlichtweg nicht. Falls du über kein oder nur ein geringes monatliches Einkommen verfügst, gibt es in Deutschland die Möglichkeit der Kostenübernahme für den Abbruch. Diese muss bei der jeweiligen Krankenkasse beantragt werden. Genehmigt die Kasse den Antrag, übernimmt das jeweilige Bundesland die Kosten. (Warum das Bundesland und nicht die Krankenkasse die Kosten übernimmt, hat komplizierte und nicht immer logische politische und rechtliche Hintergründe, die für dich in der akuten Situation zum Glück nicht relevant sind.) Wichtig ist, dass du den Antrag auf Kostenübernahme vor dem Abbruch eingereicht und genehmigt bekommen haben musst. Bei den meisten Krankenkassen kannst du dir das Formular dazu im Internet herunterladen, allerdings musst du zur Bearbeitung in eine der Geschäftsstellen gehen oder die Unterlagen per Post einsenden. Bei einem Termin in der Geschäftsstelle wird in der Regel direkt über den Antrag entschieden, und du bekommst den positiven Bescheid ausgestellt. Das ist also die schnellste Variante und deshalb unter Umständen empfehlenswert.

### Wer kann eine Kostenübernahme beantragen?

Du musst den Antrag unbedingt vor dem Termin des geplanten Abbruchs einreichen, eine nachträgliche Bewilligung ist leider nicht möglich! Damit die Krankenkasse die Kostenübernahme bewilligt und du die Kosten nicht selbst zahlen musst, muss mindestens eines der folgenden Kriterien zutreffen:

- **Du beziehst aktuell Arbeitslosengeld II (Hartz IV), Sozialhilfe, BAföG, eine Ausbildungsförderung oder Leistungen als Asylsuchende.**

- **Dein monatliches Einkommen beträgt weniger als 1.258 € netto als Kinderlose. Wenn du unterhaltspflichtige Kinder hast, erhöht sich dieser Grenzbetrag um 298 € pro Kind. Wenn deine Miete mehr als 368 € beträgt, kann diese ebenfalls auf die Einkommensgrenze angerechnet werden.**

- **Du lebst aktuell in einem Heim, einer Anstalt, in betreutem Wohnen oder in einem Frauenhaus.**

- **Deine Ersparnisse betragen nicht mehr als 5.000 € (wobei viele Krankenkassen hierzu keine Nachweise verlangen).**

  (Stand der Beträge: 2022)

## ÖSTERREICH: KOSTENÜBERNAHME NUR IN WIEN MÖGLICH

In Wien können ungewollt Schwangere bei der Magistratsabteilung für Sozial- und Gesundheitswesen einen Antrag auf Kostenübernahme stellen, wenn sie sich in einer „materiellen Notlage" befinden, also den Abbruch nicht selbst bezahlen können oder dadurch in große finanzielle Schwierigkeiten kommen würden. Dies gilt leider nur für Wiener*innen mit österreichischer Staatsbürgerschaft oder Aufenthaltsgenehmigung, die seit mehr als drei Monaten offiziell mit ihrem Hauptwohnsitz in der Stadt gemeldet sind. Diese Voraussetzungen müssen bei Antragstellung nachgewiesen werden. Außerdem müssen Nachweise über die Mietkosten und das Einkommen beigefügt werden. Der Antrag ist schriftlich zu stellen, den Link mit ausführlichen Informationen dazu findest du in Kapitel 10.

### CHARLOTTE, ABBRUCH MIT 24

*Als Studentin hab ich nicht viel verdient, ich musste also diesen Antrag bei der Krankenkasse stellen. Ich habe das hier vor Ort in so einem Kundenzentrum meiner Kasse gemacht. Ich wollte auf keinen Fall noch länger warten müssen, also bin ich da direkt hin. Das geht natürlich nur, wenn man in einer größeren Stadt wohnt, aber da hatte ich Glück. Das lief dort alles sehr nüchtern und sachlich. Also bürokratisch im guten Sinn. Ich habe das Formular ausgefüllt, eine Sachbearbeiterin hat es geprüft und genehmigt, das war's. Ein bisschen wie ein Nummernschild fürs Auto beantragen.*

*Wenn einem die Situation sehr unangenehm ist, ist es vielleicht nicht so toll, in einem Großraumbüro darüber sprechen zu müssen, aber für mich war das ok, ich war froh, dass ich das so schnell erledigen konnte.*

## ORGANISATORISCHES

Wenn du die „Pflichtaufgaben" abgehakt hast, den Beratungsschein und gegebenenfalls die Kostenübernahme in der Tasche und den Termin für den Abbruch im Kalender hast, gibt es noch ein paar weitere Dinge zu tun. Dinge, zu denen dich kein Gesetz nötigt, die aber den Ablauf des Abbruchs für dich einfacher machen können, weil du an alles gedacht, es vorbereitet und organisiert hast und dich nicht kurzfristig am Tag des Abbruchs noch um irgendetwas kümmern musst.

Wenn es nicht schon feststeht, solltest du dir spätestens jetzt Gedanken machen, wer dich zum Termin begleitet. Du kannst natürlich auch allein hingehen, es gibt aber gute Gründe, dich begleiten zu lassen: Eine vertraute Person dabeizuhaben, macht es den allermeisten Frauen leichter, sich ein wenig zu entspannen oder sich wenigstens nicht zu sehr zu stressen oder Ängste zu erleben. Jemand, der für dich da sein, dich ablenken oder deine Hand halten kann, je nachdem, was du brauchst, tut einfach gut. Außerdem solltest du insbesondere nach einer Vollnarkose nicht allein die Praxis verlassen. Viele Praxen bitten daher explizit darum, dass du angibst, wer dich abholt und nach Hause bringt.

Natürlich kannst du dir auch ein Taxi nehmen, aber dein Partner oder eine Freundin kann dich auf jeden Fall auf dem Heimweg und danach besser unterstützen.

Wenn du dich für einen medikamentösen Abbruch zu Hause entscheidest, machen es die meisten Ärztinnen zur Voraussetzung, dass eine andere erwachsene Person für den Zeitraum bei dir ist, in dem die Blutung einsetzt. So ist sichergestellt, dass für den unwahrscheinlichen Fall, dass deine Schmerzen oder Blutungen zu stark werden, jemand Hilfe holen kann. Dieser

Fall tritt nur äußerst selten, bei etwa einer von 100 Frauen, ein, aber auch um dir einen Tee oder eine Wärmflasche zu machen, ist ein lieber Mensch an deiner Seite eine wirklich gute Idee.

Ob allein oder zu zweit, irgendwie musst du zur Praxis bzw. Klinik und wieder zurückkommen. Nach einer Vollnarkose darfst du auf keinen Fall selbst Auto oder Fahrrad fahren. Ob du dich fahren lässt, öffentliche Verkehrsmittel nutzt oder ein Taxi nimmst, hängt auch von der Entfernung zur Praxis ab, und davon, was du dir leisten kannst. Plane auf jeden Fall für den Hinweg ausreichend Zeit ein, am Tag des Abbruchs sollte kein zusätzlicher Stress entstehen, weil es Stau gibt oder ein Bus ausfällt. Lieber blätterst du im Wartezimmer noch ein paar Zeitschriften durch, als dass du direkt vom Empfang in den Behandlungsraum hetzen musst.

Für den Fall, dass du einen weiten Weg zu der Praxis oder Klinik hast und dort übernachten musst, musst du dich auch noch um eine Unterkunft kümmern. Am besten natürlich in der Nähe der Praxis. Du kannst auch bei der Praxis nach Empfehlungen für ein Hotel oder eine Pension fragen, da du wahrscheinlich nicht die Erste bist, die von weiter weg anreisen muss.

Insbesondere bei operativen Abbrüchen sind die Praxen und Kliniken sehr gut organisiert, oft gibt es einen speziellen OP-Tag in der Woche, an dem nur Abbrüche durchgeführt werden und keine anderen Termine stattfinden. Trotzdem kann es mitunter zu Wartezeiten kommen. Wenn du dich nicht auf das Zeitschriftenangebot im Wartezimmer verlassen willst, nimm dir etwas zu lesen mit. Nach einem operativen Abbruch wirst du einige Zeit in einem Aufwachraum verbringen, auch hier können eine eigene Lektüre oder ein Handy mit vollem Akku nicht schaden.

Manche Frauen kriegen vor Aufregung keinen Bissen runter, für andere sind Snacks gerade dann besonders wichtig. Je nachdem, welcher Typ du bist, solltest du dir entsprechend etwas zu trinken und zu essen einpacken. Bei einer Vollnarkose musst du vor dem Eingriff unbedingt nüchtern bleiben, freust dich aber danach vielleicht umso mehr über deine Lieblingssüßigkeit. Beim medikamentösen Abbruch zu Hause kannst du so viel essen und trinken, wie du willst. Kaufe vorher ein, worauf du Lust bekommen könntest. Nur auf Alkohol solltest du verzichten, da er blutverdünnend wirkt und damit die Blutung verstärken kann.

Und wenn du schon beim Einkaufen bist, nimm am besten auch eine Packung Binden mit. Es ist normal, dass du nach einem Abbruch ein paar Tage lang blutest, bei einem medikamentösen Abbruch stärker als nach einer Absaugung oder Ausschabung. Trotzdem reicht meistens die Größe, die du auch für eine normale Periode benutzen würdest.

Die meisten Ärztinnen stellen nach einem Abbruch eine Krankschreibung für zwei bis vier Tage aus. Aus der Krankschreibung ist nicht ersichtlich, weshalb du krank bist, aber du solltest dir trotzdem überlegen, was du Kolleg*innen oder Vorgesetzten sagst. Ob du von deiner ungewollten Schwangerschaft erzählen willst, ist ganz allein deine Entscheidung. Mit Sicherheit machst du damit anderen (zukünftig) Betroffenen Mut, aber es kann natürlich auch sein, dass du negative Reaktionen bekommst, besonders wenn dein Umfeld eher konservativ ist. Gerade kurz vor oder nach einem Abbruch ist es absolut verständlich, wenn du das Risiko bewertender Bemerkungen nicht eingehen willst. Du kannst stattdessen zum Beispiel allgemeiner von einem „gynäkologischen Eingriff" sprechen, oder du gibst eine dringende Wurzelbehandlung an. Oder du sagst einfach gar nichts Konkretes, außer dass es eine dringende medizinische Behandlung ist.

In einer Gesellschaft, in der Frauen leider immer noch viel zu oft dafür kritisiert und beschimpft werden, dass sie selbstbestimmt über ihren Körper und ihre Familienplanung entscheiden, ist es dein gutes Recht, mit einer kleinen Notlüge diesen Vorurteilen zu entgehen.

Wenn deine Entscheidung feststeht, du den Beratungsschein und einen Arzttermin und alles andere erledigt und organisiert hast, hast du tatsächlich schon das meiste hinter dir – auch wenn der eigentliche Eingriff noch vor dir liegt.

# 5 – Der Abbruch selbst

**In diesem Kapitel erfährst du …**

- Welche Methoden es zum Abbruch einer Schwangerschaft gibt
- Welche Vor- und Nachteile die Methoden haben
- Wie der Eingriff genau abläuft
- Dass du ein Recht auf eine gute medizinische Versorgung hast

•

Nachdem du alle formellen Anforderungen erfüllt hast, steht der entscheidende Termin an – der Abbruch selbst. Viele Betroffene wollen diesen Schritt einfach möglichst schnell hinter sich bringen, was insbesondere nach einer verpflichtenden Wartezeit sehr gut verständlich ist. Genauso verständlich ist es, wenn du nervös, vielleicht auch ängstlich bist. In jedem Fall hilft es, dich vorab ausführlich über die verschiedenen Methoden und den genauen Ablauf eines Abbruchs zu informieren.

## DEIN RECHT AUF EINE GUTE BEHANDLUNG

Es ist wichtig, dass du weißt, welche Behandlungsmöglichkeiten es gibt, um den Abbruch durchzuführen, am allerwichtigsten ist aber, dass du weißt, dass dir eine GUTE Behandlung zusteht. Du entscheidest über deinen Körper, diese Entscheidung verdient Respekt, und wie bei jedem anderen medizinischen Eingriff kannst du erwarten, gut aufgeklärt, behandelt und versorgt zu werden. Das gilt für den medizinischen Teil des Abbruchs wie für die Gespräche mit dem Personal und den Aufenthalt in der Praxis oder Klinik.

Leider ist das in Deutschland auch in der heutigen Zeit nicht immer selbstverständlich. Schwangerschaftsabbrüche sind für viele Menschen immer noch ein Tabuthema und mit vielen (falschen) Vorurteilen verbunden. Dass eine Ärztin Abbrüche durchführt oder daran beteiligt ist, z. B. als Anästhesistin, heißt nicht zwangsläufig, dass sie frei von solchen Vorurteilen ist. Doch jeder Versuch, auch der einer Ärztin, deine Entscheidung für einen Abbruch zu bewerten oder infrage zu stellen, ist schlicht unangemessen.

Die meisten Ärztinnen, die Abbrüche durchführen, tun das allerdings, weil sie Frauen helfen wollen, nicht weil sie sie verurteilen wollen. Auch wenn es im Einzelfall anders laufen kann, kannst du getrost davon ausgehen, dass die behandelnde Ärztin auf deiner Seite steht.

Zu einer guten Behandlung gehören eine umfassende, verständliche Aufklärung über den Eingriff und gegebenenfalls die Narkose, den genauen Ablauf und mögliche Risiken, eine freundliche Betreuung vor und während des Abbruchs sowie eine gute Schmerzbehandlung.

**Schlagfertig bei Vorurteilen**

Wenn doch einmal wertend oder urteilend über deine Entscheidung gesprochen wird, ist es dein gutes Recht, die Ärztin oder Mitarbeitende darauf hinzuweisen, dass sie deine Entscheidung respektieren soll. Um dich für alle Fälle zu wappnen, kannst du dir vorab passende Antworten überlegen. Hier sind ein paar Beispiele:

- **„Ich habe es mir gut überlegt und bitte Sie, meine Entscheidung zu respektieren."**
- **„Ich bitte Sie, Ihre private Meinung für sich zu behalten, denn Sie kennen meine persönlichen Umstände nicht."**
- **„Ich bin in Ihre Praxis/Klinik gekommen, um bestmöglich medizinisch versorgt zu werden, ein Beratungsgespräch hatte ich ja schon."**

Es kann sein, dass du auf die Behandlung in dieser einen Praxis angewiesen bist und deswegen eine Diskussion vermeiden willst. Für diesen Fall kann es immerhin ein bisschen helfen, dich an diese Sätze zu erinnern, während du dein Gegenüber reden lässt.

## DAS VORGESPRÄCH

Vor dem eigentlichen Eingriff wird ein Vorgespräch geführt, bei dem du ausführlich über die jeweilige Methode, den genauen Ablauf und die Risiken aufgeklärt wirst. Bei einem operativen Abbruch erfolgt im Rahmen dieses Termins auch das obligatorische Aufklärungsgespräch über die Narkose. Wenn du Unterlagen von einer bereits erfolgten gynäkologischen Untersuchung der Schwangerschaft hast, bring diese auf jeden Fall zu diesem Gespräch mit. Manchmal bekommst du von deiner Frauenärztin auch eine Überweisung, die du mitbringen musst. Falls du bereits einen Nachweis über deine Blutgruppe und deinen Rhesusfaktor hast, denke daran, auch diese mitzubringen. Wenn du deine Blutgruppe nicht kennst, wird dir vor einem Abbruch Blut abgenommen, um sie und den Rhesusfaktor zu bestimmen. Das ist vor allem für eventuelle spätere Schwangerschaften wichtig, um ungewünschte Fehlgeburten zu vermeiden.

Obwohl es medizinisch nicht unbedingt notwendig ist, wird fast immer auch noch mal eine Ultraschalluntersuchung vorgenommen, um die Dauer der Schwangerschaft zu bestätigen. Auch hier gilt, dass dir der Bildschirm oder ein Ausdruck nicht

## DR. ALICIA BAIER, GYNÄKOLOGIN UND VORSITZENDE VON DOCTORS FOR CHOICE GERMANY E. V.

*Mir ist bei der Behandlung von ungewollt Schwangeren wichtig, zu vermitteln, dass sie mit einem Schwangerschaftsabbruch genauso zu mir kommen können wie mit jedem anderen medizinischen Anliegen. Dass ich als Ärztin ihre Entscheidung mittrage, egal in welche Richtung diese geht. Dass ihre Person und ihre Gesundheit für mich im Mittelpunkt stehen. Oft sind die Frauen überrascht, wenn sie nett behandelt werden. Das sollte eine Selbstverständlichkeit sein.*

*Eine gute Ärztin sollte kompetent und wertfrei arbeiten, unabhängig davon, was ihre eigenen moralischen Vorstellungen sind. Sie sollte einfühlsam sein, bereits getroffene Entscheidungen nicht infrage stellen und insbesondere keine Schuldgefühle vermitteln. Zu einem professionellen Verhalten gehört, dass Ärztinnen bei der Feststellung einer Schwangerschaft nicht sofort gratulieren, sondern erst einmal fragen, ob das eine gute oder schlechte Nachricht ist. Mediziner*innen sollten außerdem mit Ambivalenz in der Entscheidungsfindung empathisch umgehen können. Falls Bedarf besteht, sollte die Ärztin entsprechende psychologische Anlaufstellen vermitteln.*

*Die meisten Frauen wünschen sich, den Eingriff in ihrer vertrauten gynäkologischen Praxis durchführen zu lassen. Sie finden es unangenehm, erst eine fremde Ärztin suchen zu müssen und sich dieser dann anzuvertrauen. Insofern sollte sich eine gute Gynäkologin ihrer Verantwortung bewusst sein und wissen, dass auch Schwangerschaftsabbrüche zu ihrem Fachbereich dazugehören. Falls sie selbst die Behandlung verweigert, sollte sie dies ihren Patient*innen unverzüglich mitteilen, alle nötigen Voruntersuchungen vornehmen, sie über alle Behandlungsoptionen sowie die nächsten organisatorischen Schritte informieren und ohne weitere Verzögerungen an eine Kolleg*in weiterverweisen, die den Eingriff übernimmt.*

ungefragt gezeigt werden sollten, du aber natürlich selbst entscheidest, ob und was du sehen möchtest.

## ZWEI METHODEN: OPERATIVER UND MEDIKAMENTÖSER ABBRUCH

Grundsätzlich gibt es zwei Möglichkeiten, eine Schwangerschaft abzubrechen: operativ durch eine Absaugung oder Ausschabung, oder medikamentös durch die Einnahme von Tabletten. Beide Methoden sind sehr gut geeignet, um eine Schwangerschaft abzubrechen, sie sind sehr sicher und haben kaum bis keine Komplikationen.

Im Folgenden werden beide Methoden ausführlich in ihrem Ablauf beschrieben, am Ende des Kapitels findest du eine Gegenüberstellung der Vor- und Nachteile der beiden Optionen.

## OPERATIVER ABBRUCH MITTELS ABSAUGUNG (VAKUUMASPIRATION)

Ein operativer Abbruch wird in der Regel ambulant durchgeführt, in einer Praxis oder Klinik. Der Eingriff erfolgt unter örtlicher Betäubung oder Vollnarkose (mehr dazu auf S. 114 f.) auf dem gynäkologischen Stuhl. Die Ärztin führt ein Spekulum in deine Vagina ein, um diese offen zu halten, wie bei einer normalen gynäkologischen Untersuchung. Mit einer kleinen Klemme stabilisiert sie deinen Muttermund (Zervix) und führt ein Röhrchen, das mit einem Absauggerät verbunden ist, in deine Gebärmutter ein. Dieses Röhrchen ist nur wenige Millimeter breit, aber damit es durch den Muttermund geschoben werden kann, muss dieser dehnbar sein. Dafür bekommst du vor dem Eingriff das Medikament Misoprostol. Manchmal ist es auch notwendig, den Muttermund mit einem kleinen Metallstäbchen zu dehnen, davon spürst du aber wegen der Betäubung bzw. Narkose nichts.

Sobald das Absaugröhrchen eingeführt ist, wird das Absauggerät eingeschaltet. Bei einer örtlichen Betäubung kannst du ein entsprechendes Geräusch hören. Mit leicht kreisenden Bewegungen saugt die Ärztin die Gebärmutterschleimhaut und das Schwangerschaftsgewebe ab. Das Absaugen (Aspiration) dauert nur wenige Minuten. Anschließend wird mittels Ultraschalluntersuchung überprüft, ob die Gebärmutter leer und damit die Schwangerschaft beendet ist.

Da die Gebärmutter sich nun wieder zusammenzieht, kann es sein, dass du nach dem Eingriff leichte Krämpfe spürst. Auch eine leichte bis regelstarke Blutung ist normal.

Nur in einem von 1.000 Fällen kommt es statistisch gesehen bei einem operativen Abbruch zu einer versehentlichen Verletzung der Gebärmutter; eine solche Perforation heilt oft von selbst, selten muss sie im Krankenhaus behandelt werden. Ebenfalls sehr selten kommt es nach einem operativen Abbruch zu einer Entzündung, wenn während des Eingriffs Krankheitserreger in den Körper gelangt sind. Ein mögliches Anzeichen dafür ist hohes Fieber nach einem Abbruch, in diesem Fall solltest du unverzüglich deine Ärztin kontaktieren. Sollte eine Infektion vorliegen, wird sie dir Antibiotika verschreiben, die in aller Regel schnell und gut helfen.

## OPERATIVER ABBRUCH MITTELS AUSSCHABUNG (KÜRETTAGE)

Wenn du die Wahl hast, ist eine Absaugung die sanftere Methode, aber auch bei Ausschabungen kommt es nur sehr selten zu Komplikationen.

Ausschabungen entsprechen aufgrund des etwas höheren Verletzungsrisikos eigentlich nicht mehr dem medizinischen Standard, werden aber nach wie vor von vielen Ärztinnen in Deutschland durchgeführt.

Der Eingriff bei einer Ausschabung gleicht grundsätzlich dem der Absaugung, nur dass statt dem Absaugröhrchen die Kürette, ein metallenes Instrument, in die Gebärmutter eingeführt wird, ähnlich einem winzigen Löffel. Mit diesem Instrument wird der Inhalt der Gebärmutter – Embryo, Plazenta und Schleimhaut – ausgeschabt und herausgeholt. Der Eingriff dauert etwas länger als bei einer Absaugung. Da er schmerzhaft sein kann, wird er fast immer unter Vollnarkose durchgeführt.

## ÖRTLICHE BETÄUBUNG ODER VOLLNARKOSE?

Grundsätzlich ist für einen operativen Schwangerschaftsabbruch keine Vollnarkose notwendig. Um keine Schmerzen zu spüren, reicht in der Regel eine örtliche Betäubung. Viele Ärztinnen in Deutschland führen allerdings operative Abbrüche immer unter Vollnarkose durch.

Manche Frauen bevorzugen es, nichts vom eigentlichen Eingriff mitzubekommen, wie das bei einer Vollnarkose der Fall ist. Das Narkosemittel wird dir mittels Spritze in eine Armvene verabreicht, innerhalb weniger Sekunden schläfst du ein und

## JULIA, ABBRUCH MIT 32

*Das Aufklärungsgespräch in der Klinik war richtig schlimm. Die Ärztin ist überhaupt nicht auf mich eingegangen, sondern hat ziemlich von oben herab kommentiert, dass ich als Mutter von zwei Kindern ja wohl auch noch mit einem dritten zurechtkommen würde. Meine Befürchtung war daher, dass ich beim Termin für den Abbruch mit ähnlichen Kommentaren rechnen müsste. Aber zum Glück kann ich sagen, dass der ganze medizinische Ablauf für mich wirklich gut war und im Gegensatz zu den Untersuchungen davor überhaupt nicht traumatisch. Ich war ja schon am Anfang der zehnten Woche, eine Abtreibung mit Tabletten wäre also nicht mehr möglich gewesen, nur noch eine OP. Aber für mich war das genau richtig, ich hätte es nicht mit Tabletten machen wollen. Ich wollte einfach gar nichts davon mitbekommen.*

*Meine beste Freundin ist extra angereist, um mich zur Klinik zu bringen. Wir standen morgens zusammen vor der Klinik, wegen Corona durfte sie nicht mit rein. Aber es hat mir total geholfen, zu wissen, dass sie da ist.*

*Der Eingriff selbst, die Vorbereitung in der Klinik, das lief alles gut. Es gab eine separate Umkleide, ein bisschen wie im Schwimmbad, dort habe ich mir den OP-Kittel angezogen. Ich habe mich sicher gefühlt und hatte keine Angst. Es war eine angenehme Atmosphäre, auch die Betreuung war sehr gut. Ich erinnere mich noch an den Moment, bevor ich eingeschlafen bin, auf dem Gyn-Stuhl im OP-Raum, das hat sich alles ok angefühlt.*

*Als ich aus der Narkose kam, lag ich in einem Bett im Aufwachraum, da waren auch noch ein paar andere Frauen. Die Schwestern waren wirklich nett, meinten, ich soll mich erst mal ausruhen und richtig zu mir kommen.*

*Meine beste Freundin hat mich auch wieder abgeholt und nach Hause gebracht. Dann sind wir zu zweit, ohne Kinder, ein Wochenende weggefahren, das hat mir dabei geholfen, mich zu erholen und das alles zu verdauen.*

spürst nichts mehr. Die Vollnarkose für einen Abbruch dauert nur etwa zehn bis 15 Minuten.

Wenn du einen operativen Abbruch unter Vollnarkose vor dir hast, darfst du sechs bis acht Stunden vor dem Eingriff nichts essen oder trinken. Ablauf und Risiken einer Vollnarkose werden dir ganz genau im Aufklärungsgespräch für die Narkose erklärt.

Bei einer lokalen Betäubung wird mit einer dünnen Nadel ein Betäubungsmittel in den Muttermund gespritzt – ähnlich wie beim Zahnarzt. Das Mittel wirkt sehr schnell, bereits nach drei bis fünf Minuten kann mit dem Abbruch begonnen werden. Beim Ansaugen kommt es kurz zu einer unangenehmen bis schmerzhaften Kontraktion. Bei einer lokalen Betäubung bist du während des gesamten Eingriffs bei Bewusstsein; manche Frauen bevorzugen das, da sie so genau mitverfolgen können, was passiert.

Unabhängig davon, für welche Narkoseform du dich entscheidest, wirst du nach dem Eingriff in einen Aufwachraum gebracht. Oft bekommst du dort einen kleinen Snack, natürlich kannst du dir auch selbst etwas mitbringen. Sobald du dich fit genug fühlst und dein Kreislauf stabil ist, kannst du die Praxis bzw. Klinik verlassen, bei einer Vollnarkose solltest du dich dabei begleiten lassen.

## DER MEDIKAMENTÖSE ABBRUCH

Bis zur neunten Woche ist ein medikamentöser Abbruch möglich. Grund für diese kürzere Frist ist die zeitlich beschränkte Zulassung des Mifepriston-Medikaments „Mifegyne" in Deutschland. In vielen Ländern wird der Wirkstoff auch noch nach der neunten Woche eingesetzt, um eine ungewollte Schwangerschaft zu beenden. Ein medikamentöser Abbruch ist medizinisch gesehen eine ausgelöste Fehlgeburt. Dazu werden zwei Medikamente kombiniert, die jeweils als Tablette geschluckt bzw. eingeführt werden. Mifepriston (Handelsname Mifegyne) beendet die Schwangerschaft, und Misoprostol (Handelsname Cytotec) leitet die Abgangsblutung ein. Ein medikamentöser Abbruch kann weitgehend zu Hause oder in einer vertrauten Umgebung erfolgen, und es ist kein physischer Eingriff durch eine Ärztin notwendig. Du bekommst immer eine Notfallnummer, die du kontaktieren kannst, falls Fragen aufkommen oder Komplikationen eintreten, was aber nur bei etwa einer von 100 Frauen passiert.

Zuerst wird unter ärztlicher Aufsicht eine Tablette mit dem Wirkstoff Mifepriston eingenommen. Für die Einnahme musst du nur kurz in die Praxis kommen, die ärztliche Aufsicht ist nicht aus medizinischen, sondern aus rechtlichen Gründen notwendig. Mifepriston blockiert das Hormon Progesteron (Gelbkörperhormon), was dazu führt, dass der Fruchtsack nicht weiter versorgt wird und sich nicht weiterentwickeln kann. Die aufgebaute Gebärmutterschleimhaut samt dem Embryo löst sich von der Gebärmutter, und der Körper der Schwangeren bereitet sich darauf vor, dieses Gewebe auszustoßen. Bei einigen Patientinnen kommt es schon einige Stunden nach der Einnahme von Mifepriston zu einer Blutung und Krämpfen. Wenn du deutlich stärker blutest als bei deiner gewöhnlichen Regel, solltest du Rücksprache mit deiner Ärztin halten. Meistens setzt die Blutung aber erst nach der Einnahme von Misoprostol, dem zweiten Medikament, ein. Misoprostol wird dir in Form von einer oder mehreren Tabletten nach Hause mitgegeben. Zwischen der Einnahme von Mifepriston und Misoprostol müssen 36 bis 48 Stunden liegen, um die ideale Wirksamkeit zu erzielen. Misoprostol nimmst du eigenständig ein, es kann geschluckt, unter die Zunge oder in die Backe gelegt oder vaginal eingeführt werden. Deine Ärztin wird dir sagen, welche Anwendungsform sie empfiehlt.

### Selfcare während des medikamentösen Abbruchs

Die rund zwei Tage zwischen der ersten und der zweiten Tablette kannst du dafür nutzen, dich auf die Zeit der Blutung vorzubereiten. Was tut dir gut, wenn es dir nicht so gut geht? Besorg dir nicht nur ausreichend Binden (Tampons sind ungeeignet, da du die Blutung ein wenig beobachten solltest), sondern auch deine Lieblingssnacks, Tee, vielleicht eine Wärmflasche. Überleg dir, wie du die Stunden, in denen du auf das Einsetzen der Blutung wartest, und die erste Zeit mit der stärksten Blutung verbringen willst. Du kannst spazieren gehen, dich ins Bett kuscheln oder auf dem Sofa einen Film gucken. Von Baden wird abgeraten, aber ansonsten kannst du alles tun, was für dich gut ist.

Idealerweise bist du bei der Anwendung von Misoprostol nicht allein, sondern hast deinen Partner oder eine*n Freund*in an deiner Seite. Deine Begleitperson kann dich je nach Bedarf unterstützen, ablenken oder umsorgen, und für den sehr unwahrscheinlichen Fall, dass es dir sehr schlecht geht, Hilfe holen. Mehr zu den genauen Wirkungen und möglichen Nebenwirkungen erfährst du weiter unten.

Misoprostol löst ein Zusammenziehen der Gebärmutter aus, es wird unter anderem auch angewendet, um eine Geburt einzuleiten. Im Fall einer ungewollten Schwangerschaft werden mit diesen Krämpfen die abgestorbene Schleimhaut und der Embryo abgestoßen und ausgeblutet. Diese Abgangsblutung setzt zwei bis sechs Stunden nach Einnahme von Misoprostol ein und kann mehrere Tage dauern, ähnlich einer Regelblutung. Gerade zu Beginn wird sie allerdings von den meisten Frauen als deutlich stärker und schmerzhafter wahrgenommen. Die Intensität ist oft abhängig davon, wie deine Regelblutung normalerweise verläuft. Hast du meistens nur leichte Schmerzen, kann es gut sein, dass die Abbruchblutung bei dir auch nicht sehr unangenehm wird. Wenn du schon deine normale Periode nur mit starken Schmerzmitteln aushalten kannst, solltest du das unbedingt mit deiner Ärztin besprechen. Bei der Einnahme der ersten Tablette solltest du geeignete Schmerzmittel mitgegeben oder verschrieben bekommen, die du vorsorglich etwa eine halbe Stunde vor dem Misoprostol einnimmst und dann nach Bedarf und vorgesehener Dosierung, wenn die Krämpfe einsetzen. Für den Fall, dass deine Ärztin dir keine Schmerzmittel anbietet, sprich das Thema Schmerzbehandlung unbedingt selbst an. Niemand muss unnötig Schmerzen aushalten, schon gar nicht bei einem Abbruch. Es ist dein gutes Recht, eine gute Schmerzbehandlung zu bekommen.

Die Abbruchblutung ist vier bis sechs Stunden nach Beginn am stärksten und wird dann weniger. Es ist aber vollkommen normal, dass die Blutung von mehreren Tagen bis zu zwei Wochen andauert. In den ersten Stunden wird vermehrt Gewebe und Schleimhaut abgesondert, was für die eine oder andere ungewohnt sein kann. Meist sind diese „Stückchen" aber nur sogenannte Koagel, also geronnenes Blut. Der Fruchtsack, in dem der Embryo ist, ist gerade bei einem frühen Abbruch kaum zu erkennen. Ab der siebten Woche kann er als etwa 2 Zentimeter großes, weißes Gebilde sichtbar sein. (Weitere Details dazu findest du im Kapitel 8.)

Wie alle Medikamente können auch Mifepriston und Misoprostol zu Nebenwirkungen führen, diese sind jedoch sehr selten. Laut Hersteller kann es neben den beabsichtigten Blutungen und Krämpfen auch zu Magenkrämpfen, Übelkeit, Erbrechen oder Durchfall kommen, in seltenen Fällen zu Kreislaufproblemen und Kopfschmerzen. Wenn du derartige Nebenwirkungen hast, solltest du Rücksprache mit deiner Ärztin halten.

### Wann du deine Ärztin kontaktieren solltest

Das Einsetzen einer stärkeren Blutung, die die Schwangerschaft beendet, ist das Ziel eines medikamentösen Abbruchs. Falls du das Gefühl hast, dass deine Blutung oder die Krämpfe zu stark werden, oder du dich plötzlich sehr unwohl fühlst, solltest du unbedingt deine Ärztin kontaktieren. Ruf lieber einmal zu oft an, sie wird mit Sicherheit Verständnis dafür haben, es ist ja auch in ihrem Sinn, dass es dir gut geht.

Es gibt zwei Anhaltspunkte, wann eine Blutung als zu stark gilt. Wenn du innerhalb einer Stunde mehr als zwei Maxi-Binden vollblutest und das für mehr als zwei Stunden in Folge, oder wenn du Stückchen ausscheidest, die größer als eine Orange sind.

Etwa zwei Wochen nach der Einnahme der Medikamente gehst du zur Nachuntersuchung bei deiner Gynäkologin. Dort wird festgestellt, ob alles gut geklappt hat, die Schwangerschaft beendet und kein restliches Gewebe mehr in deiner Gebärmutter vorhanden ist. Das Risiko, dass Gewebereste verbleiben, liegt bei etwa 5 %, meist wird dieses Gewebe vom Körper selbst abgestoßen, in Ausnahmen ist eine weitere Behandlung notwendig. Nur in seltenen Fällen (weniger als 1 %) ist ein medikamentöser Abbruch nicht erfolgreich, dann erfolgt zusätzlich eine Absaugung oder Ausschabung. Entzündungen sind nach einem medikamentösen Abbruch äußerst selten, bei hohem Fieber solltest du trotzdem deine Ärztin aufsuchen.

## LAURA, ABBRUCH MIT 32

*Ich wusste sehr schnell, dass ich eine medikamentöse Abtreibung wollte, ich wollte keine Vollnarkose, ich wollte nicht noch mehr Kontrolle über mein Leben und meinen Körper abgeben. Im Nachhinein denke ich, dass eine OP bei einer guten Ärztin auch ok gewesen wäre, denn natürlich war das Wichtigste, einfach nicht mehr schwanger zu sein. Aber ich habe eine absolut großartige, feministische Ärztin gefunden, die auf meine Wünsche eingegangen ist und mir einen medikamentösen Abbruch ermöglicht hat. Ich habe die erste Tablette bei ihr in der Praxis genommen, neben mir saß mein Freund. Von der Wirkung dieses ersten Medikaments habe ich überhaupt nichts gemerkt, es hat einfach getan, was es sollte.*

*Zwei Tage später habe ich zu Hause die Misoprostol-Tablette eingeführt, vaginal, also wie einen Tampon. Prophylaktisch habe ich auch eine Schmerztablette eingenommen. Ich wusste, dass ich die Wirkung spüren würde, denn mit dieser Tablette sollte die Blutung ausgelöst werden. Da jede Schwangere anders auf dieses Medikament reagiert, gibt es keine klare Prognose, wie lange es dauern wird und wie schmerzhaft es werden wird, bis die ungewünschten Zellen ausgestoßen werden. Ich habe mit meinem Freund einen Film geguckt, danach sind wir spazieren und Eis essen gegangen, was mich gut abgelenkt und die eintretenden Krämpfe ein wenig gelindert hat. Schmerzen hatte ich die ganze Zeit über nur sehr mäßig, vergleichbar mit einer stärkeren Regelblutung. Aber ich wusste natürlich, dass die Blutung, die dann ein paar Stunden später eingesetzt hat, diesmal keine unbefruchtete, sondern eine befruchtete Eizelle, die sich schon ein paar Mal geteilt hatte, aus meinem Körper geschwemmt hat. Immer wenn ich die Binde gewechselt habe, habe ich nachgesehen, ob irgendetwas zu erkennen ist. Aber es war einfach nur Blut und ein bisschen Schleim, genau wie bei einer Regelblutung, nur vielleicht ein klein bisschen mehr.*

*Am Tag danach wusste ich: Alles war gut gegangen, ich war nicht mehr schwanger.*

## TELEMEDIZINISCH BEGLEITETER MEDIKAMENTÖSER ABBRUCH

Für einen medikamentösen Abbruch ist es aus medizinischer Sicht nicht notwendig, in eine Praxis oder Klinik zu gehen. Die ärztliche Beratung kann auch online, per Chat oder in einem Videotelefonat stattfinden, und die Medikamente können anschließend direkt nach Hause geschickt werden. Diese telemedizinisch begleiteten, medikamentösen Schwangerschaftsabbrüche sind in England bereits Teil der öffentlichen Gesundheitsversorgung. Seit 2020 gibt es auch in Deutschland ein erstes Modellprojekt, das diese Möglichkeit des Abbruchs anbietet.

Es läuft genauso ab, wie der oben beschriebene medikamentöse Abbruch, nur dass die Betreuung durch eine Ärztin nicht in einer Praxis erfolgt, sondern per Videotelefonat zu Hause. Auch die Einnahme von Mifepriston erfolgt während eines Videogesprächs mit der Ärztin. In einem Vorgespräch wird das Vorgehen genau erklärt, anschließend werden dir die Medikamente und alle notwendigen Unterlagen per Post zugeschickt.

Der telemedizinisch betreute Abbruch ist besonders für diejenigen ungewollt Schwangeren geeignet, die keine Praxis in ihrer Nähe haben, in der Abbrüche durchgeführt werden, oder wenn dort nur operative Abbrüche vorgenommen werden, du aber gerne die medikamentöse Methode nutzen willst. Die Feststellung der Schwangerschaftsdauer vor dem Abbruch sowie die Nachsorge erfolgen in einer gynäkologischen Praxis bei dir vor Ort, dazu ist es nicht notwendig, dass die dort behandelnde Ärztin selbst Abbrüche durchführt. Du kannst das Angebot des telemedizinisch begleiteten Abbruchs nutzen, wenn du noch nicht länger als acht Wochen schwanger bist, du über dein Handy oder deinen Rechner Videotelefonate führen und die notwendigen Dokumente scannen (oder abfotografieren) und ausdrucken kannst.

Wenn du in Deutschland lebst, kannst du dich für einen telemedizinisch begleiteten Abbruch an das Familienplanungszentrum Balance wenden (fpz-berlin.de). International hilft die NGO „Women on Web" (womenonweb.org) Frauen, die anderweitig keine Möglichkeit haben, eine Schwangerschaft sicher abzubrechen; sie berät digital und versendet Medikamente.

### Wann ein medikamentöser Abbruch möglich ist und wann nicht

Neben der Einschränkung, dass der medikamentöse Abbruch nur bis zum Ende der neunten Schwangerschaftswoche durchgeführt werden darf, gibt es einige wenige Faktoren, die gegen die Einnahme von Mifepriston und Misoprostol, und damit gegen einen medikamentösen Abbruch sprechen. Dazu gehören chronisches Nierenversagen, chronisches, nicht-kontrollierbares Asthma, Anzeichen für eine Eileiterschwangerschaft sowie starke Unterernährung, z. B. bei Magersucht.

Viele andere gesundheitliche Faktoren sind hingegen kein Ausschlusskriterium für einen medikamentösen Abbruch, darunter fallen Übergewicht, Diabetes, Schilddrüsenerkrankungen sowie eine HIV-Infektion. Auch während der Stillzeit ist ein medikamentöser Abbruch möglich.

## WELCHE METHODE IST DIE RICHTIGE FÜR DICH?

Medizinisch gesehen sind also beide Methoden (medikamentös und operativ) sehr gut geeignet, um einen Schwangerschaftsabbruch sicher durchzuführen. Allgemein betrachtet ist keine Methode der anderen überlegen, für gesunde Patientinnen vor Ende der neunten Woche sind beide gleichermaßen gut geeignet. Die Entscheidung für eine Methode hängt vor allem von der persönlichen Präferenz ab. Manche Frauen wollen am liebsten nichts von dem Eingriff mitbekommen und entscheiden sich deshalb für eine Vollnarkose, andere wollen unbedingt bei Bewusstsein bleiben. Für manche ungewollt Schwangere ist die Vorstellung abschreckend, selbst eine starke Blutung herbeizuführen und abzuwarten, andere empfinden gerade diesen Weg als selbstbestimmt und empowernd.

Wenn es um die Wahl der Methode geht, spielen für viele, die keine Kostenübernahme beantragen können, auch die Kosten eine Rolle, da operative Eingriffe deutlich teurer sind als medikamentöse. (Informationen zu Kosten findest du in Kapitel 4 unter „Die Kostenfrage".) Vielerorts ist die Wahlmöglichkeit stark eingeschränkt: So kann es zum Beispiel sein, dass es nur eine erreichbare Ärztin gibt und diese nur eine Methode anbietet. Solltest du eine starke Präferenz für eine der Methoden haben, kann es sich lohnen, einen weiteren Weg in Kauf zu nehmen, wenn du dafür die Behandlung bekommst, die du dir wünschst. Wenn du das Gefühl hast, nach der Entscheidung für den Abbruch selbst nicht schon wieder eine Entscheidung treffen zu wollen, ist es natürlich auch vollkommen legitim, eine gute Ärztin zu suchen und dich mit ihr darüber zu beraten, welche Methode für dich empfehlenswert sein könnte.

**Andere Länder, andere Methoden**

In Deutschland und Österreich werden etwa 70 % der Abbrüche operativ durchgeführt, nur etwa 30 % mit Medikamenten. In der Schweiz und in anderen europäischen Ländern, z. B. in Frankreich und Großbritannien, ist das Verhältnis genau umgekehrt, dort ist der medikamentöse Abbruch Standard. Welche Methode häufiger zum Einsatz kommt, sagt also nichts darüber aus, ob sie allgemein besser ist, sondern zeigt, dass auch die Frage der Methode kulturell und vom jeweiligen Gesundheitssystem geprägt ist.

Laut Weltgesundheitsorganisation (WHO) sind für gesunde Schwangere beide Methoden gleichermaßen gut geeignet, im Idealfall ist auch die Wahl der Methode eine selbstbestimmte Entscheidung der betroffenen Frau.

## VOR- UND NACHTEILE DER BEIDEN METHODEN

### OPERATIVER ABBRUCH

**Vorteile**

- Kurzer, ambulanter Eingriff
- Geringere Blutung und Krämpfe
- Keine zeitliche Einschränkung (innerhalb der gesetzlichen Frist)

**Nachteile**

- Chirurgischer Eingriff in einer Praxis oder Klinik
- Zusätzliches Risiko durch Narkose
- Höhere Kosten

### MEDIKAMENTÖSER ABBRUCH

**Vorteile**

- Abbruch kann bewusst erlebt werden
- Geringere gesundheitliche Risiken, keine OP, keine Narkose
- Abbruch kann zu Hause stattfinden
- Geringere Kosten

**Nachteile**

- Nur bis zur neunten Woche möglich
- Abbruch dauert mehrere Tage
- Stärkere und längere Blutung
- Stärkere Krämpfe
- In sehr seltenen Fällen (< 2%) besteht die Schwangerschaft weiter

## DR. JANA MAEFFERT, GYNÄKOLOGIN UND BETREUENDE ÄRZTIN DES PROJEKTS „SCHWANGERSCHAFTSABBRUCH-ZUHAUSE" (TELEMEDIZINISCH BEGLEITETER MEDIKAMENTÖSER ABBRUCH)

*Grundsätzlich ist für die meisten Frauen die beste Methode diejenige, die am einfachsten machbar ist. Natürlich muss immer die gesamte Lebenssituation betrachtet werden. Frauen sollten überlegen, was sie jetzt am meisten brauchen. Wie wichtig ihnen eine bestimmte Methode ist, wie wichtig es ihnen ist, eine besonders einfühlsame Ärztin zu finden, oder ob sie eine Praxis brauchen, die den Eingriff möglichst schnell durchführen kann.*

*Selbst wenn die bevorzugte Methode nicht verfügbar oder die Erfahrung mit der Ärztin nicht die allerbeste war, zählt am Ende, dass der Zweck erfüllt wird, dass es möglich ist, relativ selbstbestimmt darüber zu entscheiden, ob man schwanger sein will oder nicht.*

*Der medikamentöse Abbruch, besonders im Home Use, also zu Hause, eignet sich gut für Frauen, die keine Angst haben vor einer Blutung, die eine gute Unterstützung durch eine nahestehende Person erfahren und sich zu Hause sicherer fühlen als in einer medizinischen Umgebung. Es gibt ja auch viele Frauen, die sich nur dann sicher fühlen, wenn möglichst viel medizinisches Personal in der Nähe ist. Für die ist der Home Use natürlich weniger geeignet, für sie wäre sicher eine OP besser.*

*Home Use kann allerdings auch eine Falle sein, gerade für Frauen mit Kindern, die denken, sie müssten jetzt den Abbruch auch noch irgendwie nebenbei stemmen, während alles andere weiterläuft. Denn man kann nicht die normalen Aufgaben einfach weitermachen, während man eine ausgelöste Fehlgeburt hat. Die Betroffene braucht wirklich eine Person, die sie unterstützt; es reicht nicht, dass der Mann einfach nur zu Hause bleibt, denn der kann sich nicht gleichzeitig um sie und die Kinder kümmern, das geht nicht. Da wäre es besser, sie könnte den Abbruch in einer Klinik oder Praxis machen, wo sie betreut wird und Schmerzmittel bekommt. Wo jemand sich um sie kümmert und sie sich nicht selbst noch um andere kümmern muss.*

## KEINE SICHERE METHODE: MIT „HAUSMITTELN“ ABTREIBEN

**Versuche nicht, die Schwangerschaft ohne Ärztin oder die richtigen Medikamente zu beenden!**

Auch wenn du das Gefühl hast, dass es für deine Situation keinen Ausweg gibt, auch wenn du denkst, dass du mit niemandem darüber sprechen kannst, oder wenn du fürchtest, dass die Schwangerschaft schon zu weit fortgeschritten ist: Egal wie verzweifelt du bist, du kannst dich immer an Beratungsstellen wie Pro Familia oder die NGO „Women on Web“ (womenonweb.org) wenden, auch anonym. Die Berater*innen dort haben sehr viel Erfahrung und werden dir beistehen und weiterhelfen können.

Operative Abbrüche, die von ausgebildetem Personal durchgeführt werden, sowie medizinische Abbrüche mit den richtigen Medikamenten zählen zu den sichersten medizinischen Eingriffen. Wo diese Möglichkeiten nicht verfügbar sind, stellen unsichere Abbrüche ein großes Risiko für die schwangere Person dar. Jedes Jahr sterben weltweit mehr als 200.000 Frauen an den Folgen solcher Eingriffe. Viele andere tragen schwere Verletzungen davon und können danach keine Kinder mehr bekommen, auch wenn sie das später vielleicht wollen.

**Sicherer Abbruch im Ausland**

Wenn du aktuell in einem Land lebst, in dem Abtreibungen verboten sind, kannst du dir bei internationalen Organisationen wie Women on Web Hilfe suchen, um trotzdem sicher abzutreiben: Sie können dir entweder Abtreibungsmedikamente beschaffen (siehe Abschnitt oben „Telemedizinisch begleiteter medikamentöser Abbruch") oder dir dabei helfen, eine Reise zu einer Praxis im Ausland zu organisieren.

Bei unsicheren mechanischen Methoden wie dem Einführen spitzer Gegenstände wie Draht-Kleiderbügel oder Stricknadeln kommt es sehr häufig zu Perforationen, also zum Durchstoßen von gesundem Gewebe. Das kann starke innere Blutungen auslösen, die schnell lebensbedrohlich werden können.

Das Einbringen von Flüssigkeiten wie Alkohol, Desinfektionsmittel oder gar Reinigungsmittel, egal ob mit einer Spritze, einem Schwämmchen oder auf einem anderen Weg, kann dich innerlich verätzen und ebenfalls zu starken Blutungen führen. Diese Blutungen bedeuten nicht notwendigerweise, dass der Embryo abgestoßen wird, sondern sind vielmehr die Folgen von innerlichen Wunden und sehr gefährlich.

Bereits seit dem Mittelalter ist die abtreibende Wirkung einiger Pflanzen bekannt, aber weder gab es damals, noch gibt es heute wirklich sichere Rezepte für die Beendigung einer Schwangerschaft mit Tees oder Tinkturen. Es ist unsicher im doppelten Sinn: Es ist zum einen nicht sicher, dass eine solche Behandlung tatsächlich die Schwangerschaft beendet, und zum anderen ist es nicht sicher für dich und deinen Körper! Im Gegenteil, bei Kräutern und Heilpflanzen weiß man nie genau, wie viel Wirkstoff tatsächlich in ihnen enthalten ist. Es besteht das Risiko einer Vergiftung, es kann zu starkem Erbrechen und Durchfall kommen, bis hin zu Organversagen und Tod.

Auch andere Methoden wie ein sehr heißes Bad, extreme körperliche Belastung durch Sport, Treppensteigen oder anderes, oder gar Schläge in den Bauch haben allesamt gemeinsam, dass sie in den meisten Fällen nicht dazu führen, dass die Schwangerschaft beendet wird, aber dich und deinen Körper schädigen können.

Alle diese nicht-medizinischen Methoden sind äußerst schmerzhaft, es ist sehr unsicher, dass die Schwangerschaft wirklich beendet wird, und das Risiko für schwere Verletzungen und bleibende Schäden ist sehr hoch.

## DIE NACHUNTERSUCHUNG

Nach einem unkomplizierten operativen Abbruch ist keine Nachuntersuchung notwendig, sie wird aber manchmal angeboten. Nach einem medikamentösen Abbruch sollte mittels Ultraschall oder einem speziellen Schwangerschaftstest festgestellt werden, dass die Schwangerschaft beendet ist. Bei der Nachuntersuchung spricht die Ärztin kurz mit dir darüber, wie es dir seit dem Abbruch geht, wie lange und wie stark die Blutungen waren und ob sie vielleicht noch andauern. Außerdem wird mittels Ultraschalluntersuchung kontrolliert, ob sich deine

Gebärmutter wieder zusammengezogen hat und keine Gewebereste der Schwangerschaft mehr sichtbar sind. Frauen mit negativem Rhesusfaktor bekommen zusätzlich eine Spritze mit einem Prophylaxe-Mittel, um bei weiteren Schwangerschaften Komplikationen zu vermeiden. Diese Spritze bekommen rhesusnegative Schwangere bei jeder gewollten und ungewollten Schwangerschaft und nach einer Geburt. Studien zeigen, dass die Prophylaxe bei einem frühen Abbruch medizinisch nicht notwendig ist, trotzdem wird sie oft gegeben.

Falls du vor dem Nachsorgetermin Beschwerden oder Fragen hast, solltest du nicht bis zum Termin warten, sondern deine Ärztin sofort bzw. zu ihren Sprechzeiten kontaktieren.

Ein Schwangerschaftsabbruch hinterlässt keinerlei „Spuren", auch bei einer gynäkologischen Untersuchung kann eine Ärztin später nicht erkennen, ob du einmal einen Abbruch hattest. Wenn du nicht willst, dass deine Frauenärztin davon erfährt, musst du es ihr auch nicht mitteilen. Dennoch solltest du bei einer Frauenärztin die Nachuntersuchung vornehmen lassen. Und auf jeden Fall solltest du auch nach einem Abbruch weiterhin zu den jährlichen Vorsorgeuntersuchungen gehen. Sie sind wichtig für deine Gesundheit, nicht nur, aber gerade wenn du später ein Kind bekommen willst.

# 6 – Die Zeit danach

**In diesem Kapitel erfährst du ...**

- Dass ein Abbruch fast nie körperliche Folgen hat
- Dass die meisten Frauen danach vor allem erleichtert sind
- Wie gut es tun kann, über deinen Abbruch zu reden
- Wann du wieder Sex haben kannst und was du dabei beachten solltest

•

Jetzt ist es geschafft. Du hast eine verantwortungsvolle Entscheidung für dich und dein Leben getroffen, dich durch eine Menge an Vorgaben durchgearbeitet und mithilfe einer Ärztin eine ungeplante Schwangerschaft beendet. Du bist nicht mehr schwanger, so wie du auch vor wenigen Wochen nicht schwanger warst. Aber dazwischen ist einiges passiert, und vielleicht fragst du dich, wie diese Erfahrung dein weiteres Leben beeinflussen wird.

Vielleicht liest du dieses Kapitel schon vor dem Abbruch, weil du wissen willst, mit welchen Folgen oder Nachwirkungen du rechnen musst.

Deswegen gleich vorab: Alle wissenschaftlichen Studien zeigen eindeutig, dass ein Schwangerschaftsabbruch in aller Regel keinerlei Langzeitfolgen hat. Weder körperliche noch psychische.

Aber trotzdem geht so eine Erfahrung an den meisten Frauen nicht komplett spurlos vorbei; das ist auch ganz normal, insbesondere in den Tagen und Wochen direkt nach dem Eingriff.

## DEIN KÖRPER NACH DEM ABBRUCH

Im Normalfall dauert es ein paar Tage – bei manchen mehr, bei manchen weniger –, bis dein Körper den Eingriff verarbeitet hat, vor allem wenn du eine Vollnarkose hattest oder beim medikamentösen Abbruch sehr stark geblutet hast. Vielleicht bemerkst du an den Brüsten oder im Unterleib, dass sich dein Hormonhaushalt wieder auf „nicht schwanger" umstellt.

Sehr wahrscheinlich wirst du auch noch für ein paar Tage leichte bis mittelstarke Blutungen haben. Diese Nachblutungen sind tatsächlich die einzige Nachwirkung einer Abtreibung, die bei fast allen Personen auftritt. Die Blutung wird von Tag zu Tag weniger und ist nach spätestens 14 Tagen vollständig abgeklungen. Wenn du aber innerhalb einer Stunde mehr als zwei Maxi-Binden vollblutest, die Blutung stärker wird statt schwächer oder du nach zwei Wochen immer noch Blut verlierst, solltest du dich an deine Ärztin wenden. (Generell gilt: Wenn du das Gefühl hast, irgendetwas ist nicht in Ordnung, ruf lieber einmal zu oft bei deiner Ärztin an!)

Bei weniger als 0,5 % aller in Deutschland durchgeführten Schwangerschaftsabbrüche treten Komplikationen auf, die eine zusätzliche Behandlung erfordern. Das heißt im Umkehrschluss, dass es dir und deinem Körper nach dem Abbruch zu 99,5 % wieder genauso gut geht wie in der Zeit vor der ungeplanten Schwangerschaft.

In den ersten Tagen nach einem Abbruch wird oft von Bädern, Tampons und penetrativem Sex abgeraten. Während heiße Bäder die Blutung verstärken können und Tampons die Menge der Blutung schlechter einschätzbar machen, gibt es für ein „Sex-Verbot" keine medizinischen Belege. Die Ärztin Kristina Hänel argumentiert, dass ein Verbot medizinisch nicht nachvollziehbar sei. Im Gegenteil, wenn du Lust darauf hast, und es sich für dich gut anfühlt, kann Sex ein wunderbarer Weg sein, um zu entspannen und ein paar Glückshormone freizusetzen. Das gilt natürlich auch für Masturbation.

Du kannst nach einem Abbruch direkt im nächsten Zyklus wieder schwanger werden, denke also unbedingt an Verhütung. Gerüchte, dass Abtreibungen zu Unfruchtbarkeit führen können, stammen aus Zeiten, in denen Abtreibungen heimlich und unter nicht-medizinischen Bedingungen durchgeführt werden mussten. Bei den heutigen Methoden und medizinischen Standards für den Schwangerschaftsabbruch gibt es keine Auswirkungen auf die weitere Fruchtbarkeit.

In der Tat ist ein Abbruch, egal ob medikamentös oder operativ durchgeführt, ein so kleiner und „spurloser" Eingriff, dass selbst eine Gynäkologin bei einer späteren Untersuchung nicht erkennen kann, dass er stattgefunden hat.

## DEINE GEFÜHLE NACH DEM ABBRUCH

In den Tagen nach dem Eingriff ist es ganz normal, dass du erst einmal unter dem Eindruck dieser Erfahrung stehst. Insbesondere die Zeit vor dem Abbruch ist für viele Betroffene emotional schwierig, der Druck durch die vielen Auflagen und das enge Zeitfenster sorgen zusätzlich für Stress. Dass es ein paar Tage dauert, bis du dich wieder „ganz normal" fühlst, ist also schon allein deshalb ganz logisch. Zusätzlich kann auch die Hormonumstellung Stimmungsschwankungen verursachen. Direkt nach dem Eingriff, in einem Zeitraum von etwa ein bis zwei Wochen, berichten sehr viele Frauen von intensiven Gefühlen in Bezug auf die Abtreibung. Fast alle sind erleichtert, viele auch traurig, manche verspüren Wut, andere Glücksgefühle. Oft ist es auch eine Mischung von alldem. Manchmal, aber sehr selten spüren Betroffene ein schlechtes Gewissen oder Zweifel an der Entscheidung. All diese Gefühle haben ihre Berechtigung. Es gibt keinen „vorgeschriebenen" Gefühlszustand nach einem Schwangerschaftsabbruch.

Wenn du einfach nur erleichtert bist, dass es vorbei ist, und dein Abbruch darüber hinaus keine emotionalen Reaktionen auslöst, ist das genauso normal und ok. Du musst dir nicht einreden lassen, dass du gefühlskalt bist oder etwas verdrängst.

Wahrscheinlich war die Entscheidung für dich schnell sehr klar, vielleicht bist du auch vor allem froh, dass du keine größeren Probleme hattest, eine Ärztin zu finden, und dass sie dich gut behandelt hat.

Genauso normal und ok ist es, wenn du gemischte Gefühle hast, vielleicht bist du erleichtert und gleichzeitig sehr traurig. Das kann an den Hormonen liegen, aber natürlich auch daran, dass es eben auch eine Entscheidung gegen etwas war. Gegen ein Kind zu diesem Zeitpunkt, vielleicht gegen eine Beziehung. Dass du traurig bist, heißt nicht, dass es nicht trotzdem für dich in deiner Situation die richtige Entscheidung war. Es heißt auch keineswegs, dass du traumatisiert bist und für lange Zeit unter dieser Entscheidung oder der Erfahrung leiden wirst. Gib deiner Trauer Zeit und Raum. Sei gut zu dir, dann wirst du deinen Abbruch auch gut verarbeiten.

Die anfänglich starken und oft gemischten Gefühle nehmen mit der Zeit deutlich ab. Studien belegen, dass ein Abbruch keinerlei nachhaltige psychische Belastung mit sich bringt. Für die Existenz eines „Post-Abortion-Syndroms", das von Abtreibungsgegner*innen häufig ins Feld gebracht wird, findet sich kein einziger wissenschaftlicher Beleg. Natürlich gibt es trotzdem Frauen, denen es nach einem Abbruch emotional nicht gut geht. Solltest du das Gefühl haben, dass du dich in einer Krise befindest, aus der du allein nicht gut herauskommst, kontaktiere eine der Beratungsstellen oder einen psychologischen Krisendienst (Kontaktadressen findest du in Kapitel 10). Aber grundsätzlich kannst du wirklich beruhigt sein, denn eine Vielzahl an Studien hat es belegt: Den allermeisten Frauen geht es körperlich und psychisch nach einer Abtreibung gut.

Studie aus den USA: Gefühle nach einem Schwangerschaftsabbruch

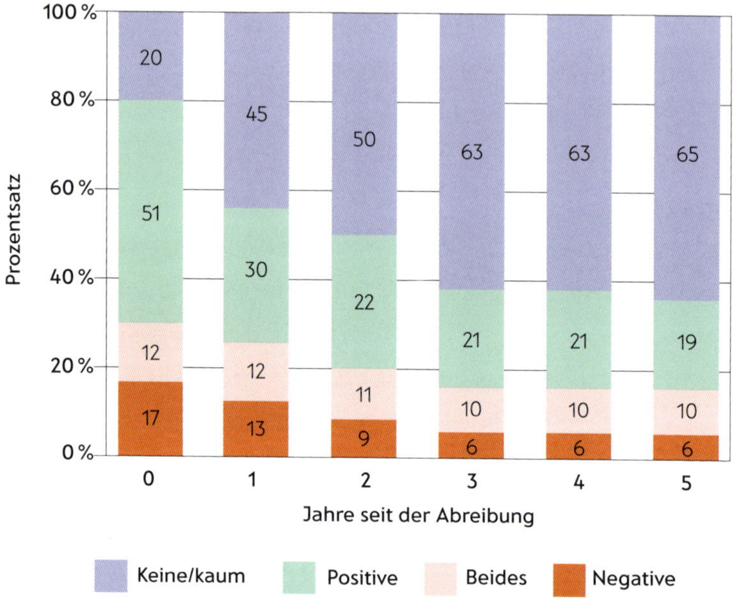


Emotionsprofile nach einem Schwangerschaftsabbruch über fünf Jahre. Die Balken stellen den Prozentsatz der Teilnehmerinnen dar, die dem jeweiligen Emotionsprofil in den Jahren nach einer Abtreibung entsprechen.
Grafik basierend auf: Rocca, Corinne H., et al. (2020).

## DR. CORINNE ROCCA, PROFESSORIN FÜR GEBURTSHILFE, GYNÄKOLOGIE UND REPRODUKTIONSFORSCHUNG

*Fünf Jahre nach einem Schwangerschaftsabbruch bereut die überwältigende Mehrheit der Frauen ihre Entscheidung nicht – selbst diejenigen nicht, für die es sehr schwierig war, sich für einen Abbruch zu entscheiden. Diese Forschungsergebnisse widersprechen dem Narrativ, das von Abtreibungsgegner*innen verbreitet wird, wonach viele Frauen ihren Abbruch bereuen.*

*Wie erwartet, erleben Frauen in der Woche nach dem Abbruch eine Reihe ne-*

## DARÜBER REDEN – JA ODER NEIN?

Um eine außergewöhnliche Erfahrung zu verarbeiten, hilft es immer, mit jemandem darüber zu reden. So kannst du deinen Gefühlen Ausdruck verleihen und sie im Gespräch für dich sortieren.

Ob mit deinem Mann oder Freund, deiner besten Freundin, deiner Schwester oder deiner Mutter – mit wem du über deinen Abbruch sprechen kannst und willst, weißt du selbst sicher am besten. Auch hier gilt: Wenn für dich alles gut ist und du (jetzt) absolut kein Bedürfnis hast, über deinen Abbruch zu sprechen, dann ist auch das vollkommen in Ordnung.

Das Einzige, was nicht in Ordnung ist: wenn du das Gefühl hast, nicht darüber reden zu dürfen. Etwas, was dich bewegt, geheim halten zu müssen, kann sehr belastend sein. Wenn du in deinem Umfeld niemanden hast, dem du dich anvertrauen kannst, du aber trotzdem gerne über deine Erfahrungen und deine Gefühle sprechen willst, kannst du dich auch nach dem Abbruch jederzeit an eine der Beratungsstellen wenden.

*gativer und positiver Emotionen. Sie sind traurig, aber auch froh, und an allererster Stelle sind sie erleichtert. Im Laufe der Zeit berichten Frauen von einer abnehmenden Intensität aller Emotionen. Dies gilt sogar für Frauen, die sagen, dass ihre Entscheidung für eine Abtreibung schwierig war. Sowohl unmittelbar nach der Abtreibung als auch fünf Jahre später ist das Gefühl, das Frauen über ihre Entscheidung am häufigsten äußern, Erleichterung, nicht Reue. Am Ende von fünf Jahren liegt die Wahrscheinlichkeit, dass Frauen berichten, dass ihre Abtreibung die richtige Entscheidung war, bei 99 Prozent.*

Grundsätzlich sollten wir alle viel mehr über Schwangerschaftsabbrüche sprechen, das ist das beste Mittel gegen Vorurteile und jahrhundertealte Mythen. Indem wir darüber sprechen, können wir gemeinsam dafür sorgen, dass Betroffene nicht zusätzlich unter der Situation leiden, sondern von der Gesellschaft und dem Fachpersonal mit Respekt behandelt werden.

Aber solange Abtreibung ein Tabuthema ist, ist es für viele Frauen schwierig, oft unmöglich, offen über ihren eigenen Abbruch zu sprechen. Deswegen ist es natürlich deine ganz persönliche Entscheidung ob, mit wem und wann du darüber sprichst.

**Dein eigener Erfahrungsbericht**

Nimm dir ein bisschen Zeit und schreibe auf, was du in den letzten Tagen und Wochen erlebt hast. Von dem Moment, in dem du wusstest, dass du schwanger bist, bis zum Abbruch selbst, und wie es dir danach ging.

Etwas aufzuschreiben führt oft dazu, dass wir uns vertieft mit einem Erlebnis auseinandersetzen und es dadurch besser verarbeiten können. Außerdem ist der Abbruch eine wichtige Erfahrung, die du gemacht hast, eine wichtige Entscheidung, die du getroffen hast. Vielleicht willst du irgendwann noch mal nachlesen können, wie es genau ablief und wie es dir dabei ging. Wenn du möchtest, kannst du deine Erfahrung auch mit anderen teilen, z. B. auf der Website talk-abortion.de.

## JEANNE DIESTELDORF, AUTORIN DES BUCHES „(K)EINE MUTTER“

*Ich habe meinen Abbruch bewusst verheimlicht und zwar jahrelang. Geschwiegen, weggeschoben, verwischt, verlogen. Obwohl ich ein enges Verhältnis zu meiner Schwester und zu meinen Eltern hatte, habe ich ihnen lange nichts erzählt. Nur eine einzige enge Freundin wusste davon. Ich habe meine Abtreibung tabuisiert.*

*Als die Diskussion über § 219a durch die Medien ging, blieb ich eines Abends an einer Fernsehtalkshow hängen. In illustrer Runde wälzten die Gäste das Für und Wider des „Werbeverbots“. Jeder hatte eine starke Meinung, Argumente flogen umher, laut und vehement – männlich, irgendwie. Ich saß vor dem Bildschirm und hatte Wut im Bauch: darüber, dass im Fernsehen Politiker über Schwangerschaftsabbrüche diskutieren, aber Frauen, die einen Abbruch erlebt haben, redeten nicht mit. Ihre essenzielle Stimme fehlte. Das hat mich sehr aufgewühlt und tagelang beschäftigt. Ich stand in meiner Wohnung vor dem Spiegel, blickte mir ins Gesicht und begriff den Widerspruch: Ich selbst hatte ja auch nichts gesagt, nicht über meine Abtreibung geredet, sie verschwiegen und zum schmerzhaften Geheimnis gemacht. Warum? Mir fehlte ein Raum dafür – ein Rahmen für zwischenmenschliche Begegnung, in dem mir jemand zuhört und ich geschützt bin, der frei von Verurteilung ist. So ist die Idee zu meinem Buch entstanden. Jedesmal, wenn ich darüber gesprochen habe, sagte eine Frau im Umfeld: Ich hatte auch einen Abbruch und traue mich nicht, darüber zu sprechen, obwohl ich es oft gern würde. Das hat mir vor Augen geführt, wie viele Frauen etwas zum Thema zu sagen haben und empfinden, dass sie es nicht können.*

*Seitdem das Buch erschienen ist, habe ich viele positive, warmherzige und tief berührende Rückmeldungen erhalten: von Frauen, die vor langer Zeit abgetrieben haben oder erst vor wenigen Monaten, und von Frauen, die gerade vor der Entscheidung stehen. Alle haben mir vermittelt, wie gut es ihnen tut, zu spüren, dass sie nicht alleine sind. Mein eigenes Schweigen hat mich selbst jahrelang gelähmt – das wurde mir erst klar, als ich Worte für mein Erleben suchte, probierte, mich traute. Es war so befreiend und heilsam, darüber zu reden. Mein Schweigen zu brechen, war der erste Schritt, meine Abtreibung für mich selbst zu enttabuisieren.*

## CHARLOTTE, ABBRUCH MIT 25

·

*Der Arzt, der die Schwangerschaft festgestellt hat, wollte mir das Bild von der Ultraschalluntersuchung nicht mitgeben, das fand ich total doof. Er meinte, er mache das nur bei Frauen, die das Kind bekommen wollen. Ich wollte da nicht diskutieren, aber eigentlich fand ich, dass das doch meine Entscheidung sein sollte.*
*Ich hätte es gern gehabt, einfach als Erinnerung an eine Erfahrung in meinem Leben. Mittlerweile ist es ein paar Jahre her und es fühlt sich fast surreal an, weil es eben nichts gibt, was daran erinnert.*
*Dass er mir das Bild nicht geben wollte, gehört für mich irgendwie mit zu diesem ganzen „Man redet nicht darüber", als sollten Abtreibungen gar nicht existieren, auch nicht in der Erinnerung. Aber am Ende ist es ja Teil meiner Geschichte, es ist kein Geheimnis. Es war kein einschneidendes Erlebnis, aber eben eine Erfahrung, die ich gemacht habe. Mein erster Freund in der siebten Klasse war auch kein einschneidendes Erlebnis, trotzdem habe ich noch ein Foto von ihm.*

## LAURA, ABBRUCH MIT 32

·

*Meine erste Schwangerschaft abzubrechen, war definitiv die richtige Entscheidung. Genauso, wie es später zweimal die richtige Entscheidung war, ein Kind zu bekommen. Die Abtreibung hat keine Spuren bei mir hinterlassen, weder körperlich noch psychisch. Es waren ein paar sehr anstrengende Tage, aber für mich persönlich wäre es danach nie wieder ein Thema gewesen. Ganz anders als meine beiden Geburten.*
*Dass ich so aktiv über meinen Abbruch spreche, liegt einzig und allein daran, dass ich dazu beitragen will, das Tabu zu brechen und die Situation für ungewollt Schwangere zu verbessern. Und dazu gehört eben auch, klar und deutlich zu sagen: Ich habe abgetrieben, und mir geht es bestens!*

## SEX, VERHÜTUNG UND FAMILIENPLANUNG NACH DEM ABBRUCH

Du kannst und darfst nach einem Abbruch Sex haben, genau dann und genau so, wenn und wie es sich für dich gut anfühlt. Da du, wie erwähnt, schon gleich im nächsten Zyklus wieder schwanger werden kannst, solltest du überlegen, ob deine bisherige Verhütungsmethode weiterhin die richtige ist. Grundsätzlich ist jedes Verhütungsmittel auch nach einer Abtreibung geeignet. Einzige Ausnahme ist die symptothermale Methode, bei der Körpermerkmale wie Vaginalsekret, die Festigkeit des Muttermunds sowie die Körpertemperatur beobachtet werden: Hier solltest du im ersten Zyklus zusätzlich verhüten, z. B. mit Kondom, da die hormonelle Umstellung die Signale deines Körpers beeinflussen kann. Bei einem operativen Abbruch ist es möglich, im Zuge des Eingriffs eine Hormon- oder Kupferspirale einzusetzen. Wenn das für dich eine Option ist, solltest du das vor der OP mit deiner Ärztin besprechen.

Wenn deine bzw. eure Familienplanung abgeschlossen ist, kannst du auch mit deinem Partner über eine Vasektomie sprechen. Die Durchtrennung der Samenleiter des Mannes ist ein unkomplizierter Eingriff, der ambulant durchgeführt werden kann, und eine der sichersten Verhütungsmethoden.

**Verhütungs-Apps und Kalendermethode**

Apps, die nur anhand deiner Periode deinen Eisprung und deine fruchtbaren/unfruchtbaren Tage berechnen, sind keine sicheren Verhütungsmittel. Das gilt ebenso für die Kalendermethode, bei der das Gleiche auf Papier passiert.

Auch wenn du zusätzlich deine Körpertemperatur misst und eingibst, ist das nicht ausreichend. Wenn du auf natürlichem Wege verhüten willst, findest du unter dem Stichwort „natürliche Familienplanung", kurz NFP, online ausführliche Erläuterungen, wie das sicher geht.

Wenn du nach deinem Abbruch, egal ob Monate oder Jahre später, schwanger werden willst, gibt es nichts, was du in Bezug auf die dann gewollte Schwangerschaft beachten musst. Dieser Satz steht hier nur, damit du nicht auf die Idee kommst, dir unnötig Sorgen zu machen. Gewollte, geplante und ungeplante Schwangerschaften gehören für sehr viele Menschen zum Leben dazu. Ich wünsche dir für alle diese Fälle die bestmögliche Versorgung und Unterstützung!

# 7 – Was du als Partner tun kannst

**In diesem Kapitel erfährst du …**

.

Wie du eine ungewollt schwangere Person am besten unterstützt

.

Welche konkreten Schritte du übernehmen kannst

.

Wo und wie du dir selbst Unterstützung holen kannst

•

An nahezu allen ungeplanten Schwangerschaften war auch ein Mann beteiligt. (Nahezu, denn auch trans Frauen oder nichtbinäre Menschen können Kinder zeugen.) Das heißt, dass statistisch gesehen auch jeder vierte Mann einmal in seinem Leben an einem Schwangerschaftsabbruch mitbeteiligt ist. Trotzdem wird Abtreibung nach wie vor als „Frauenthema" gesehen. Nur bei etwa jeder vierten Schwangerschaftskonfliktberatung ist der Partner der Schwangeren/der beteiligte Mann dabei. Und das, obwohl Studien zeigen, dass eine liebevolle Begleitung durch den eigenen Partner den Prozess eines Abbruchs für die betroffene Frau deutlich weniger belastend macht. Auch für dich selbst, als Mann, der von einer ungewollten Schwangerschaft betroffen ist, kann es wichtig sein, dir Unterstützung zu suchen, um mit der Situation zurechtzukommen.

Es gibt also mehrere gute Gründe, warum du dich als Mann mit dem Thema Schwangerschaftsabbruch beschäftigen solltest – idealerweise schon bevor du vielleicht selbst in der Situation bist. Wenn du dieses Buch in der Hand hast, hast du auf jeden Fall schon viel richtig gemacht!

Die Informationen in diesem Kapitel sind selbstverständlich auch hilfreich, wenn die ungewollt Schwangere, die du unterstützen willst, eine gute Freundin, deine Schwester oder Tochter ist.

### Deine Rechte und Pflichten als Partner

Die Entscheidung, ob sie die Schwangerschaft fortsetzt oder abbricht, kann und darf allein die Schwangere treffen. Es ist gesetzlich verboten, jemanden zu einem Abbruch zu nötigen oder zu überreden. Du hast aber das Recht, dich beraten zu lassen, gemeinsam mit deiner Partnerin, wenn sie das will, oder auch allein.
Sollte sich deine Partnerin dafür entscheiden, ein Kind zu bekommen, hast du ein Umgangsrecht, also das Recht, dein Kind zu sehen. Außerdem bist du verpflichtet, Unterhalt zu zahlen. Die Höhe des Unterhalts bemisst sich an deinem Einkommen. Umgangsrecht und Unterhaltspflicht gelten unabhängig davon, ob du das Kind ursprünglich wolltest oder nicht.

## WIE DU HELFEN KANNST

Vielleicht fühlst du dich gerade hilflos und weißt nicht, ob du überhaupt etwas Sinnvolles tun kannst. Oder du denkst, du weißt ganz genau, was zu tun ist, und fängst schon an, das Projekt „ungeplante Schwangerschaft" zu managen. Wie immer liegt die Wahrheit in der Mitte. Dass du als Partner einen wichtigen Beitrag leisten kannst, ist wissenschaftlich belegt. Viele Männer wollen gern beteiligt sein, sowohl bei der Entscheidungsfindung als auch bei den Schritten vor und nach einem Abbruch, wenn die Entscheidung dafür ausfällt.
In deinem Fokus sollte die Unterstützung liegen. Die schwangere Person, ihre Bedürfnisse und Gefühle stehen jetzt an ers-

ter Stelle. Du musst aber nicht warten, bis deine Partnerin ganz genau sagt, wie du sie unterstützen kannst, du kannst und sollst ihr aktiv deine Hilfe anbieten. Am besten machst du ihr erst einmal deutlich, dass du für sie da bist. Selbst wenn das für dich selbstverständlich ist, weiß sie es vielleicht gerade nicht.

„Ich unterstütze dich, egal wie du dich entscheidest." Das ist nur ein kurzer Satz, der aber für viele Betroffene Gold wert ist, da er klarmacht, dass sie eben nicht allein durch diese Situation gehen müssen. Bei Paaren ist das oft der Einstieg in ein Gespräch über die Wünsche, Erwartungen und Ängste von beiden, über die gemeinsame Zukunftsplanung.

Es kann gut sein, dass sie selbst nicht genau weiß, was sie gerade braucht. Akzeptiere das und versuche einfach, da zu sein, ohne dich zu sehr aufzudrängen. Wie viel Nähe angebracht ist, hängt natürlich stark von eurer Beziehung ab, als langjähriger Ehemann bist du in einer anderen Position als nach einem One-Night-Stand.

Eine ungeplante Schwangerschaft ist eine Ausnahmesituation, die oft von sehr unterschiedlichen, teilweise widersprüchlichen Gefühlen geprägt ist. Das hat nichts mit Unberechenbarkeit oder gar Unzurechnungsfähigkeit der Betroffenen zu tun, sondern ist ganz normal – so normal es in dieser Situation eben sein kann. Halte diese Ambivalenzen aus, auch wenn es sich für dich nach „Gefühlschaos" anfühlt und du gern eine klare Position hättest. Es kann auch sein, dass deine Partnerin dir klar sagt, dass sie Abstand möchte, vielleicht sogar die Entscheidung ohne dich treffen will. Auch das musst du das akzeptieren. Du kannst dich in diesem Fall immer noch um deine eigenen Bedürfnisse kümmern, dazu mehr im nächsten Abschnitt. Und du kannst dich informieren. Über die Optionen bei einer ungeplanten Schwangerschaft, über den Ablauf eines Schwangerschaftsabbruchs und über die Rechte und Pflichten, die du möglicherweise als werdender Vater hast.

Wenn die Schwangere nicht deine Partnerin, sondern eine Freundin, Schwester oder Tochter ist, hast du den Vorteil, nicht direkt selbst betroffen zu sein. Du kannst dich ganz auf ihre Bedürfnisse konzentrieren, sei es, dass es einfach nur ums Dasein geht, oder dass sie dich bittet, sie zum Beratungsgespräch zu begleiten. Du bist vielleicht trotzdem versucht, deine eigene Meinung oder deine Moralvorstellung mitzuteilen. Solange sie dich nicht direkt danach fragt, solltest du das aber für dich behalten. Denn es ist die Frau, die gerade ungewollt schwanger ist und die eine Entscheidung treffen muss, mit der sie leben können muss, nicht du. Wenn du selbst schon Kinder hast oder schon einmal einen Schwangerschaftsabbruch hattest, sind das Erfahrungen, die für deine Freundin/Tochter/Schwester äußerst wertvoll sind. Biete ihr an, davon zu erzählen, gerade wenn sie vielleicht nicht weiß, dass du diese Erfahrung gemacht hast.

### Dos & Dont's

Hier ein paar Dinge, die du auf jeden Fall bzw. auf keinen Fall tun solltest, um deine Partnerin während des Prozesses einer Abtreibung zu unterstützen. (Auch wenn ich hier von Partner und Partnerin spreche, gelten die Punkte natürlich für alle, die eine ungewollt Schwangere unterstützen wollen.)

**Was du tun solltest:**

- **Ihr versichern, dass du sie unterstützt und für sie da bist.**
- **Ihr zuhören, sie in den Arm nehmen.**
- **Fragen, was deine Partnerin braucht, wie du ihr helfen kannst.**
- **Essen kochen, ein Bad einlassen, sie im Alltag entlasten.**
- **Dich an den Kosten für den Eingriff beteiligen.**
- **Nach dem Eingriff gemeinsam über Verhütung sprechen.**

Und wenn sie das möchte:

- To-dos aus dem Kapitel „Vor dem Abbruch“ (siehe Checkliste S. 76 f.) übernehmen, z. B. den Termin bei der Beratungsstelle vereinbaren.
- Mit zum Beratungsgespräch und zum Eingriff kommen oder sie von dort abholen.

Du solltest nicht:

- Deine Meinung in den Vordergrund stellen egal ob du unbedingt ein Kind mit ihr möchtest oder jetzt auf gar keinen Fall Vater werden willst.
- Deine Partnerin unter Druck setzen oder auf eine schnelle Entscheidung drängen. (Das ist nicht nur unangebracht, sondern sogar gesetzlich verboten!)
- Sie mit Informationen und Ratschlägen überhäufen – du kannst damit die Entscheidungsfindung nicht beschleunigen.
- Ihr deine Gefühle aufbürden. Egal wie ohnmächtig du dich fühlst, oder wie begeistert, wütend, besorgt du bist. Die Schwangerschaft betrifft sie viel mehr und viel direkter als dich.

## WER DIR HILFT

Wenn du auf einmal potenzieller Vater bist, hast du wahrscheinlich fast genauso viele Fragen und Sorgen wie deine Partnerin. Möglicherweise droht deine eigene Lebensplanung komplett umgeworfen zu werden. Dass nur die schwangere Person die Entscheidung über die Schwangerschaft treffen darf bzw. muss, führt dazu, dass sich manche Männer ohnmächtig fühlen, sie haben Angst, ihr Schicksal nicht selbst in der Hand zu haben. Vielleicht hast du ein schlechtes Gewissen oder bist wütend, dass eure Verhütung nicht funktioniert hat, oder du fühlst dich von der Verantwortung überfordert. Alle diese Gefühle sind absolut normal und nachvollziehbar!

Deine Sorgen und Ängste aber bei der Schwangeren „abzuladen", ist in der Krisensituation einer ungeplanten Schwangerschaft aus zwei Gründen keine gute Idee: Erstens hat deine Partnerin genug damit zu tun, sich in dieser Situation zurechtzufinden, und zweitens ist sie selbst keine Expertin, weder psychologisch noch zum Thema Familienplanung (Ausnahmen bestätigen die Regel).

Deswegen ist es gut zu wissen, dass sämtliche Einrichtungen zur Schwangerschaftskonfliktberatung auch Männern offenstehen. Du kannst jederzeit auch alleine eine Beratungsstelle aufsuchen und dich dort von professionell ausgebildeten Mitarbeitenden zu deiner Lage beraten lassen. Dort kannst du in einem geschützten Raum über alles, was dich bewegt, sprechen und dir praktische Informationen zu allen Fragen rund um Schwangerschaft, Abbruch und Kinderkriegen geben lassen.

Die Berater*innen können ganz auf dich eingehen und haben die notwendige Erfahrung, um dich bestmöglich zu unterstützen. Natürlich kannst du auch mit nahestehenden Personen sprechen. Dein bester Freund ist wahrscheinlich auch kein Experte zum Thema ungeplante Schwangerschaft, dafür kennt er dich aber gut, und vielleicht fällt es dir leichter, bei einem Spaziergang über deine Gefühle zu sprechen als in einer Beratungseinrichtung. Das Wichtigste ist, dass du darüber sprichst, gerade wenn die Entscheidung, wie es weitergehen soll, nicht ganz klar ist. Es ist für dich persönlich wichtig, damit du mit der Entscheidung deiner Partnerin gut umgehen und leben kannst. Und es ist für uns alle wichtig, dass sich auch Männer mehr mit den Herausforderungen einer ungeplanten Schwangerschaft beschäftigen und darüber sprechen.

## THORALF FRICKE, BERATER BEI PRO FAMILIA

*Wenn Männer in der Pflichtberatung dabei sind, versuche ich sie auch einzubinden. Von vielen kommt: „Ich stehe hinter der Entscheidung, die meine Frau oder Partnerin trifft, egal wie sie ausfällt." Die Männer, die mitgehen in die Beratung, sind auch eher die, die als Partner unterstützend sind, die später mitgehen zum Eingriff und versuchen, den Druck aus der Situation rauszunehmen.*
*Ich habe es aber auch immer wieder erlebt, dass Männer zusätzlichen Druck reinbringen. Wenn ich das Gefühl habe, da wird über Körpersprache oder auch verbal massiv Druck auf die Frau ausgeübt, dann benenne ich das, und im Zweifelsfall bitte ich höflich, aber bestimmt darum, mit der ungewollt Schwangeren allein zu sprechen.*

*Es ist natürlich in Ordnung, als Mann der Partnerin zu sagen, wo der eigene Wunsch, die eigene Idee hingeht. Es sollte halt wirklich als Wunsch formuliert sein, und es reicht, das einmal zu sagen. Also zum Beispiel: „Ich würde mich freuen, wenn du zu dieser Entscheidung kommen könntest, dass wir das hinkriegen." Oder auch: „Ich habe Angst davor, dass wir das nicht meistern können. Und ich würde mich freuen, wenn wir einen Weg finden, trotzdem gemeinsam unsere Zukunft zu planen." Über die eigenen Gefühle zu sprechen, ist für die meisten Männer immer noch schwierig. Dabei kann es so hilfreich sein, die eigenen Wünsche, Sorgen und Bedürfnisse auszusprechen, für beide.*

*Was immer noch viel zu wenig passiert, finde ich, ist, dass auch Männer alleine kommen, dass so wenige auch für sich selbst nach Beratung suchen. Es gibt ja genügend Männer, die ungewollt Vater werden oder in der Situation sind. Klar, sie können es nicht entscheiden, aber sie sind ja auch in einem Dilemma, in einer stressigen Situation. Die Männer, die zu uns kommen, haben ganz viele Fragen, gerade etwa, wenn die Partnerschaft noch nicht so lange besteht.*

*Ich stelle immer klar: „Deine Partnerin, die ungewollt schwangere Person, kann und wird und muss das alleine entscheiden." Dieses Aushalten, dass es eine offene Situation gibt, die noch nicht entschieden ist, fällt Männern oft sehr schwer. Und die Entscheidung hat natürlich Auswirkungen auf das Leben des Mannes. Zu schauen, wie kann er gut mit diesen Auswirkungen umgehen, das ist natürlich auch wichtig.*

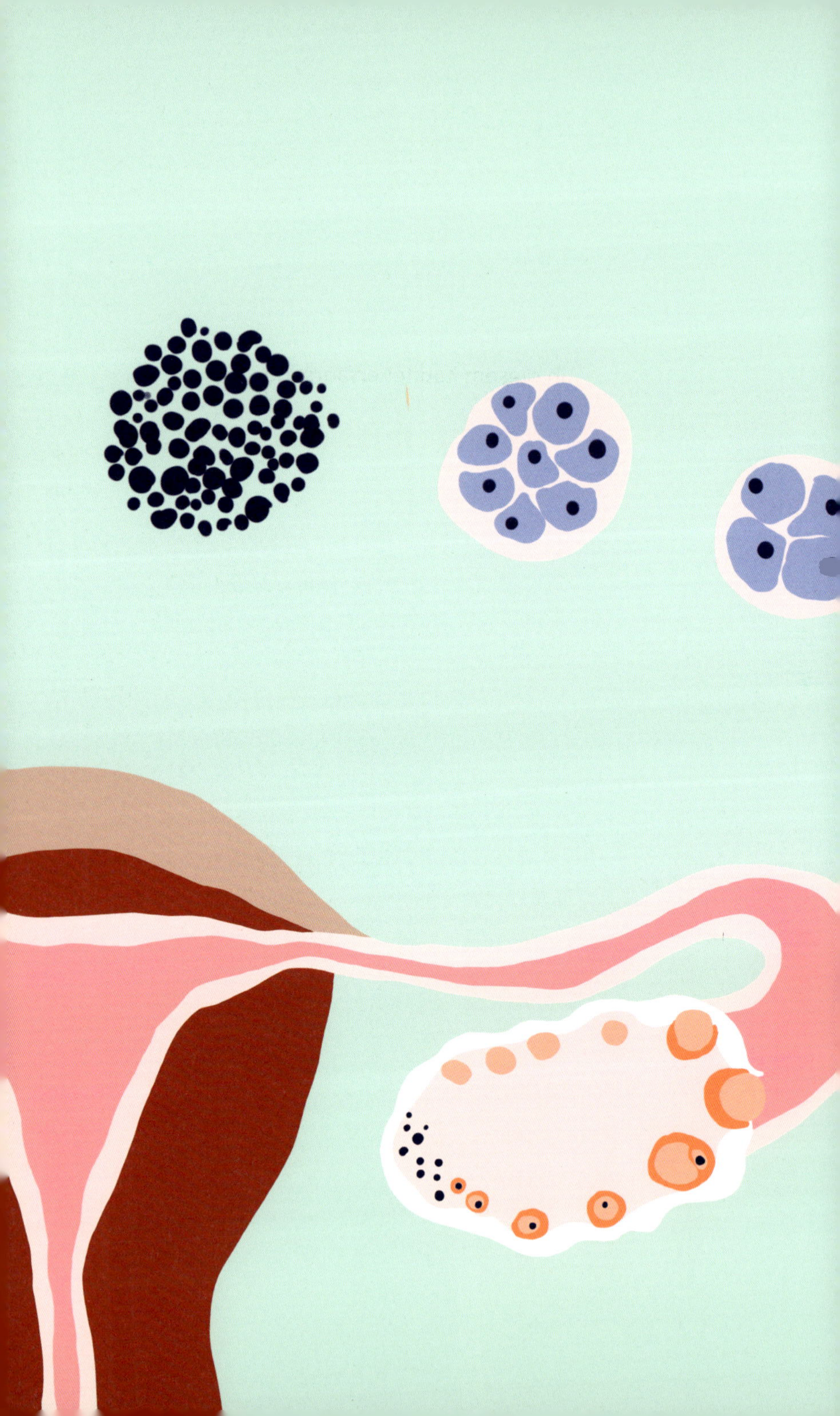

# 8 – Biologische Details

# Von der Eizelle zur Schwangerschaft

**In diesem Kapitel erfährst du …**

·

Was sich in deinem Körper verändert

·

Was du gegen typische Beschwerden tun kannst

·

Wie sich der Embryo entwickelt

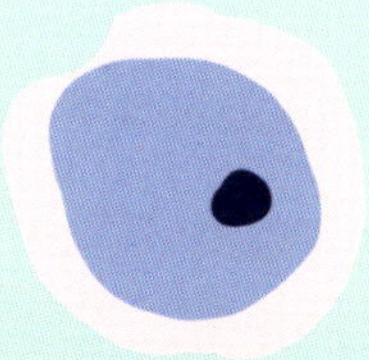

Statistisch gesehen sind die meisten ungewollt Schwangeren zwischen 20 und 40 Jahre alt. Vermutlich ist es also mindestens ein paar Jahre her, dass du dich im Biologie-Unterricht mit der Entstehung und Entwicklung des menschlichen Lebens beschäftigt hast. Und mit Sicherheit hast du in der Schule nicht all das gelernt, was du in der Situation einer ungeplanten Schwangerschaft gerne wissen würdest. In diesem Kapitel werden die korrekten biologischen Begriffe verwendet, aber selbstverständlich kannst du dem, was in dir wächst, auch einen anderen Namen geben, einen, der für dich passt. Viele Menschen, die sich über die Schwangerschaft freuen, sprechen schon sehr früh von „ihrem Baby", wenn du aber kein Baby bekommen willst, musst du das, was gerade in dir ist, auch nicht so nennen. Vielleicht ist dir „Embryo" als nüchterner Fachbegriff lieber oder etwas, das der Größe entspricht, zum Beispiel „Mohnsame" oder „Haferflocke".

## WANN BEGINNT DAS MENSCHLICHE LEBEN?

Um die Frage zu beantworten, wann das menschliche Leben genau beginnt, müsste der Begriff Leben genau definiert sein; trotz aller wissenschaftlicher Fortschritte gibt es jedoch keine allgemeingültige Definition dafür. Biologisch gelten nicht nur Pflanzen, sondern auch einzelne Zellen als lebendig, ein Spermium ist demnach genauso lebendig wie eine Eizelle. Trotzdem würde wohl niemand Spermien als Menschen bezeichnen.

Ab der sechsten Schwangerschaftswoche kann man bei einer Ultraschalluntersuchung den Herzschlag sehen, auch wenn das Herz noch viel länger braucht, um sich vollständig zu entwickeln. Das Bewusstsein, das menschliches Leben klar von pflanzlichem unterscheidet, beginnt erst ungefähr in der 24. Schwangerschaftswoche. Zu dieser Zeit beginnt auch die Lebensfähigkeit eines Fötus, ab dann kann ein Baby mit sehr viel medizinischer Hilfe auch außerhalb der Gebärmutter in einem Brutkasten überleben.

Rein rechtlich gilt die abgeschlossene Geburt als Beginn des eigenständigen Lebens, ab diesem Zeitpunkt hat der neue Mensch eigene Rechte (mehr dazu im nächsten Kapitel).

Weder medizinisch, biologisch noch religiös oder philosophisch lässt sich genau beantworten, wann ein menschliches Leben wirklich beginnt. Und vielleicht ist das auch gut so.

## WAS IN DEINEM KÖRPER PASSIERT

Die Schwangerschaftsdauer wird medizinisch ab dem ersten Tag der letzten Menstruationsblutung berechnet (siehe S. 37 f.). In den **ersten beiden Schwangerschaftswochen** bist du also noch gar nicht schwanger, sondern hast deine Regelblutung und etwa 14 Tage nach dem ersten Menstruationstag deinen Eisprung. Wenn du in den Tagen um den Eisprung herum ungeschützten Sex hast, bei dem Spermien in deine Vagina gelangen, kann es zu einer Befruchtung und einer Schwangerschaft kommen.

Direkt nach dem Sex gibt es keine Möglichkeit rauszufinden, ob tatsächlich eine Eizelle befruchtet wurde. Wenn du dir unsicher bist oder es eine Verhütungspanne gab und du nicht schwanger werden willst, hast du die Möglichkeit, die Pille danach zu nehmen, die du rezeptfrei in der Apotheke bekommst.

Diese Notfallverhütung sollte so schnell wie möglich eingenommen werden, spätestens nach 72 Stunden. Sie wirkt allerdings nur, wenn du noch keinen Eisprung hattest.

Innerhalb von fünf Tagen nach ungeschütztem Sex kannst du dir bei einer Frauenärztin auch eine Kupferspirale als „Danach-Verhütung" einsetzen lassen. Diese Spirale verhindert eine Einnistung und damit eine Schwangerschaft auch nach dem Eisprung.

In den ersten Tagen nach dem Sex, der zu einer Schwangerschaft geführt hat, gibt es für dich keine körperlichen Veränderungen. Das Schwangerschaftshormon hCG, auf das ein Schwangerschaftstest reagiert, ist zu diesem Zeitpunkt noch nicht ausreichend vorhanden, ein Test würde also negativ ausfallen, auch wenn es zu einer Befruchtung gekommen ist. Gleichbedeutend mit „Befruchtung" wird auch von „Zeugung" gesprochen, wenn ein Spermium in eine Eizelle eindringt und diese befruchtet. Aus der Verschmelzung von Spermium und Ei entsteht eine neue Zelle, die sich nun zu teilen beginnt. In den darauffolgenden fünf bis zehn Tagen wandert die befruchtete Eizelle (Fachbegriff: Blastozyste) durch den Eileiter in die Gebärmutter, wo sie sich einnistet. Erst ab der erfolgreichen Einnistung spricht man von einem Embryo. Bei der Einnistung verbindet sich die Gebärmutter der Schwangeren mit dem Fruchtsack des Embryos, um ihn mit Nährstoffen versorgen zu können.

Mit der Einnistung in der **dritten oder vierten Schwangerschaftswoche** beginnt dein Körper auf die Schwangerschaft zu reagieren, in manchen Fällen kommt es zu einer kleineren

Blutung, der sogenannten Einnistungsblutung. Sie ist zwar schwächer als eine Regelblutung, kann aber trotzdem damit verwechselt werden.

Erste Anflüge von Schwangerschaftsübelkeit und vor allem Müdigkeit können bereits zu diesem Zeitpunkt auftreten. Möglicherweise spannen deine Brüste, oder du spürst ein Ziehen im Unterleib. Ein solches Ziehen oder ein Druckgefühl im Unterleib kommt häufig vor, den Embryo/Fötus kannst du in den ersten Wochen nicht spüren, er ist noch viel zu klein (siehe nächster Abschnitt). Erst ungefähr ab der 20. Woche ist der Fötus so groß und sind seine Bewegungen stark genug, dass sie für die schwangere Person spürbar werden.

Viele Schwangere bemerken in der dritten und vierten Woche aber auch noch keinerlei Anzeichen und ahnen nicht, dass sie schwanger sind. Selbst bei einem Verdacht ist es zu diesem Zeitpunkt meist noch zu früh für einen Selbsttest mit Urin. Da das Hormonlevel bei jeder Schwangeren unterschiedlich ist, kann es zwar durchaus sein, dass ein sensitiver Frühtest schon in der vierten Woche ein positives Ergebnis zeigt, aber nur im Blut kann das hCG gegen Ende des ersten Monats zuverlässig nachgewiesen werden.

Weder von außen noch bei einer Ultraschalluntersuchung ist die Schwangerschaft zu diesem Zeitpunkt sichtbar.

Wer nicht mit einer Schwangerschaft rechnet, erwartet in der **fünften Woche** normalerweise die nächste Periodenblutung. Erst durch das Ausbleiben der Regel stellt sich die Frage nach einer möglichen Schwangerschaft. Zu diesem Zeitpunkt sind die Urintests für zu Hause schon relativ zuverlässig. Trotzdem sollte ein negativer Test einige Tage später unbedingt wiederholt werden, um eine Schwangerschaft definitiv auszuschließen. Denn ein falschnegatives Ergebnis ist durchaus möglich.

Viele Schwangere bemerken ab der fünften Woche deutliche Symptome: Es können Übelkeit, Erbrechen, Schwindel, ein verändertes Geruchsempfinden und ungewöhnliche Essensgelüste auftreten. Das Hormon Progesteron (Gelbkörperhormon) wird nun vermehrt gebildet, dadurch baut sich die Gebärmutterschleimhaut stärker auf, sodass sich die Eizelle einnisten und vom Körper versorgt werden kann. Es macht dich allerdings auch (sehr) müde.

### DR. JANA MAEFFERT, GYNÄKOLOGIN

*Nicht jede befruchtete Eizelle entwickelt sich zu einem Embryo. Medizinisch gehen wir davon aus, dass es bei etwa 50 % der befruchteten Eizellen nicht zur Einnistung in der Gebärmutter kommt. Stattdessen kommt es zu einer Blutung, die für die meisten Frauen nicht von einer normalen Regelblutung zu unterscheiden ist. Auch wenn sich die Eizelle einnistet, liegt die Wahrscheinlichkeit für einen natürlichen Abgang in den ersten zwölf Wochen bei circa 10 %, bei älteren Schwangeren etwas höher. Frühe Fehlgeburten, oft auch als Abgänge bezeichnet, sind sehr häufig, aber auch darüber wird wenig gesprochen.*

*Bei einer von zehn ungewollt Schwangeren, die sich für einen Abbruch entschieden haben, kommt es bereits vor dem geplanten Eingriff zu einer natürlichen Fehlgeburt. Ein Schwangerschaftsabbruch ist also nichts „Unnormales“, sondern kommt ganz ohne medizinisches Zutun häufig vor.*

In der **sechsten und siebten Woche** nehmen diese Symptome mit großer Wahrscheinlichkeit zu, bei den meisten Schwangeren halten sie mehrere Wochen an. Außerdem kann es sein, dass du psychische Auswirkungen bemerkst. Die starke Veränderung deines Hormonhaushalts kann zu plötzlichen und scheinbar grundlosen Stimmungswechseln führen oder dich äußerst emotional und sensibel werden lassen. Viele Schwangere berichten, sich „nah am Wasser gebaut" zu fühlen, also schnell in Tränen auszubrechen. Es kann aber durchaus sein, dass du auch in der sechsten Woche keinerlei Beschwerden oder Symptome verspürst. Jede Schwangerschaft ist anders, selbst bei ein und derselben Person muss nicht jede Schwangerschaft gleich ablaufen.

Auch wenn sich in deinem Körper nun schon einiges tut, ist die Schwangerschaft von außen immer noch nicht zu sehen. Frühestens ab der 14. Woche kann man einen wachsenden Bauch erkennen. Dabei ist aber auch zu bedenken, dass sich durch die Hormone oder andere Essgewohnheiten deine Verdauung verändert und es deshalb sein kann, dass du nur einen geblähten Bauch im Spiegel siehst. Und wenn du schon einmal schwanger warst, kann es gut sein, dass dein Körper schneller „rund" wird.

### Was hilft gegen Schwangerschaftsbeschwerden

Schwanger zu sein – gewollt oder ungewollt – ist eine große Belastung für deinen Körper. Das Beste, was du tun kannst, ist deshalb auch, wenn du dich für einen Abbruch entschieden hast, dich zu schonen und gut zu dir selbst zu sein.

Gegen die oft bleierne Müdigkeit hilft nicht viel, außer ausruhen und so viel schlafen wie möglich. Wenn du nicht schwanger bleiben willst, kannst du natürlich auch Kaffee und Ähnliches trinken. (Wenn du dir noch nicht sicher bist, solltest du nicht mehr als eine Tasse am Tag trinken.)
Schwangerschaftsübelkeit tritt leider nicht nur morgens auf, es kann aber trotzdem helfen, gleich nach dem Aufwachen noch im Bett eine Kleinigkeit zu essen. Wenn die Übelkeit sehr schlimm wird oder du dich häufig übergeben musst, kann dir deine Ärztin auch ein Medikament dagegen verschreiben.
Ausgefallene Gelüste können nervig sein, aber der beste Umgang damit ist tatsächlich, genau das zu essen und zu trinken, worauf du gerade Lust hast (außer Alkohol, wenn du die Schwangerschaft fortführen willst oder dir noch nicht sicher bist).
Die gute Nachricht ist, dass alle Schwangerschaftsbeschwerden spätestens mit dem Ende der Schwangerschaft wieder verschwinden – oft innerhalb von Stunden. Es macht für dich und deinen Körper natürlich einen Unterschied, ob du neun Wochen oder neun Monate schwanger warst. Aber gerade wenn du nicht schwanger sein willst, ist es gut zu wissen, dass alle Symptome direkt oder kurz nach dem Abbruch vorbei sind.

Sollte die befruchtete Eizelle statt in der Gebärmutter im Eileiter heranwachsen, kann das zwischen der sechsten und der neunten Woche im Ultraschall festgestellt werden. Bei einer Eileiterschwangerschaft kommt es in dieser Zeit meist schon zu starken Bauchschmerzen, die unbedingt ernst genommen werden müssen. Eileiterschwangerschaften sind selten, sie treten in etwa 1 bis 2 % aller Schwangerschaften auf, müssen aber zwingend behandelt werden, da ein weiteres Wachstum der Eizelle zu einem Platzen der Eileiter führen kann. Dies führt zu starken inneren Blutungen, die lebensgefährlich sind. Eine Eileiterschwangerschaft kann operativ entfernt oder mit einer Spritze am weiteren Wachsen gehemmt werden, woraufhin die Zellen absterben und vom Körper abgebaut werden.

Bei einer normal verlaufenden Schwangerschaft ist die Gebärmutter in der **achten Woche** schon etwa so groß wie ein Apfel und drückt zunehmend auf die Blase, was häufige Toilettengänge zur Folge hat. Dein Körper bildet immer mehr Blut, um die Schwangerschaft versorgen zu können, und du musst den Sauerstoff, den du einatmest, mit dem Embryo teilen – beides kann dazu führen, dass du unter Kurzatmigkeit leidest. Besonders beim Sport und beim Treppensteigen macht sich dieses Symptom bemerkbar. Die Schwangerschaftshormone sorgen unter anderem dafür, dass mehr Vaginalsekret gebildet wird, das als Ausfluss sichtbar wird.

Bis zur **neunten Woche** nimmt die Blutmenge deines Körpers bereits um etwa einen halben Liter zu, zusammen mit dem Fruchtwasser und der Plazenta kann das eine Gewichtszunahme von ein bis zwei Kilo bedeuten. (Der Embryo selbst wiegt zu diesem Zeitpunkt nur etwa ein Gramm.) Auch deine Brüste wachsen, sie spannen oder schmerzen deshalb vielleicht. Der veränderte Östrogenspiegel kann sowohl Haarausfall als auch besonders volles Haar bewirken, Hautprobleme wie die sogenannte Schwangerschaftsakne sind auch eine Folge davon.

Etwa ab der **zehnten Woche** wird das Hormon hCG weniger ausgeschüttet, bei vielen Schwangeren lassen nun die Müdigkeit und die Übelkeit langsam nach. Bei einigen strahlen die Haut und glänzen die Haare dank des ausgeschütteten Östrogens und der stärkeren Durchblutung. Dafür verändert sich oft der Geruchs- und Geschmackssinn noch einmal deutlich, so manch ein alltäglicher Geruch kann Ekel oder sogar Brechreiz hervorrufen.

Ab der **elften Woche** nimmt die Wahrscheinlichkeit einer Fehlgeburt deutlich ab, von 10 % bis 20 % auf unter 1 % nach der vollendeten zehnten Schwangerschaftswoche.

In der **zwölften oder 13. Woche** klingen bei vielen Schwangeren anfängliche Beschwerden wie Übelkeit und Müdigkeit wieder ab. Dafür können Verdauungsbeschwerden zunehmen. Nach innen drückt die Gebärmutter immer mehr auf die Blase, was gerade auch nachts zu häufigen Toilettengängen führt.

In der **14. Woche** ist die Gebärmutter etwa 15 Zentimeter groß, wenn du sehr schlank bist und eng anliegende Kleidung trägst, ist vielleicht jetzt schon von außen eine erste Wölbung zu sehen. Vielleicht siehst du im Spiegel auch Veränderungen in der Hautpigmentierung. Vor allem die Brustwarzen werden im Laufe der Schwangerschaft immer dunkler. Aber auch diese Symptome sind temporär.

## DIE ENTWICKLUNG DES EMBRYOS

Am Ende der **dritten Woche**, also eine Woche nach dem entscheidenden Sex, ist die befruchtete Eizelle (Embryo erst ab der Einnistung) etwa 0,2 Millimeter groß – also kleiner als der Punkt nach diesem Satz.

Nach der **vierten Woche** ist der Embryo immer noch kleiner als ein Millimeter, etwa so groß wie ein Mohnsamen.

In der **fünften Woche** differenzieren sich die bis dahin weitgehend gleichen Zellen des Embryos aus und bilden die Grundlage für die inneren Organe. Er ist jetzt 1 bis 2 Millimeter groß, kaum größer als ein Sesamsamen.

Ab der **sechsten Schwangerschaftswoche** kann man bei einer Ultraschalluntersuchung den Herzschlag des Embryos erkennen. An den Seiten formen sich sogenannte Knospen, die später zu Armen und Beinen werden. Mit 2 bis 3 Millimetern ist der Embryo jetzt in etwa so groß wie ein Reiskorn.

In der **siebten Woche** beginnt der Embryo erste Muskelstränge zu entwickeln, die zuckende Bewegungen ermöglichen. Auch die späteren Augen sind als Bläschen angelegt. Bis sie geöffnet werden können, dauert es aber noch mehr als zwei Monate. Der Embryo misst zu diesem Zeitpunkt circa 5 Millimeter und ist damit so groß wie eine Haferflocke.

Im Verlauf der **achten Woche** wird die Wirbelsäule gebildet, und langsam beginnt sich mit den Ansätzen für Ohren, Nase und Mund ein Gesicht zu formen. Auch die Arme und Beine sind allmählich als solche erkennbar. Der Embryo ist etwa 1,5 Zentimeter groß, also so groß wie eine Kidney-Bohne.

Ab der **neunten Woche** wird biologisch vom Fötus gesprochen, der jetzt ein knorpeliges Skelett mit Schädelknochen hat. Das „Schwänzchen" am unteren Ende der Wirbelsäule verschwindet. Mund und Nase sind deutlich erkennbar, und zwischen den Zehen bilden sich die „Schwimmhäutchen" zurück. Der Fötus wächst weiter und misst am Ende der neunten Woche ungefähr 2,5 Zentimeter, ähnlich wie eine große Mandel.

**Spürt der Embryo bei einem Abbruch Schmerzen?**

Die medizinische Forschung ist sich einig, dass etwa bis zur 24. Schwangerschaftswoche das Nervensystem und das Gehirn des Embryos/Fötus noch nicht weit genug entwickelt sind, um Schmerzen zu empfinden oder ein Bewusstsein zu haben. Gerade in den ersten Wochen, in denen die meisten Abbrüche stattfinden, sind Nervenbahnen und Gehirn noch kaum ausgebildet. Nach aktuellen wissenschaftlichen Erkenntnissen ist ein Embryo vor der 24. Schwangerschaftswoche noch nicht „wach", die Gehirnfunktionen sind nicht ausgereift genug. Forscher*innen sind sich einig, dass insbesondere im ersten Trimester kein Schmerzempfinden vorhanden ist.

3. Woche
kleiner als dieser Punkt
4. Woche
so groß wie ein Mohnsamen
5. Woche
kaum größer als ein Sesamkorn
6. Woche
so groß wie ein Reiskorn
7. Woche
so groß wie eine Haferflocke
8. Woche
so groß wie eine Kidney-Bohne
9. Woche
ähnlich groß wie eine große Mandel
10. Woche
so groß wie eine geschälte Walnuss
12. Woche
so groß wie eine kleine Kartoffel
14. Woche
so groß wie eine Zitrone

In der **zehnten Woche** hat der Fötus eine erste Hautschicht, die allerdings noch durchsichtig ist. Zehen und Finger entwickeln sich, und die inneren Organe beginnen zu arbeiten, während sie weiterwachsen. Seine Größe beträgt rund 3 Zentimeter, etwa wie eine geschälte Walnuss.

Weitere Hautschichten sowie erste Haare wachsen in der **elften Woche**, in der **zwölften Woche** beginnt der Fötus Fruchtwasser zu schlucken, der Magen ist nun weit genug entwickelt, um diese kleinen Mengen zu verarbeiten. Am Ende der zwölften Woche ist auch die Geschlechtsentwicklung abgeschlossen, auf sehr genauen Ultraschallbildern ist das primäre Geschlechtsorgan erkennbar. Der Fötus ist zu diesem Zeitpunkt etwa 5 Zentimeter groß, so wie eine kleine Kartoffel.

In der **13. Woche** wandert ein Teil des Darms von der Nabelschnur in den Körper des Fötus. Fruchtwasser wird nicht nur geschluckt, sondern auch als Urin wieder ausgeschieden.

In der **14. Woche** ist das weiche, knorpelige Skelett weitgehend verknöchert. Die Augen liegen nicht mehr seitlich am Kopf, sondern vorne. Der Fötus wiegt am Ende der 14. Woche ungefähr 30 Gramm und misst etwa 7,5 Zentimeter, so groß wie eine Zitrone.

Mit dem Ablauf der 14. Woche endet in Deutschland und Österreich die Frist, innerhalb derer ein legaler Schwangerschaftsabbruch auf Wunsch der Frau möglich ist (in der Schweiz bereits mit Ablauf der zwölften Woche). Deswegen wird an dieser Stelle nur noch ein wichtiger, wenn nicht der wichtigste Entwicklungsschritt eines Fötus beschrieben: die Lebensfähigkeit.

## LEBENSFÄHIGKEIT

Mit der vollendeten 25. Woche überschreitet der Fötus eine bedeutende Schwelle: Ab diesem Zeitpunkt wird medizinisch von der Lebensfähigkeit ausgegangen. Frühchen, die ab der 25. Woche geboren werden, haben mit der entsprechenden medizinischen Behandlung gute Überlebenschancen. Auch wenn sich die moderne Medizin immer weiterentwickelt, hat sich diese Schwelle seit vielen Jahren kaum verändert. Babys, die vor der vollendeten 24. Woche geboren werden, haben eine Überlebenschance von unter 50 %, vor der 23. Woche sind es nur 5 %.

Am Ende der 25. Woche wiegt der Fötus etwa 750 Gramm und ist rund 35 Zentimeter groß. Bis zur Geburt wird sich das Gewicht mehr als vervierfachen, auf drei bis vier Kilogramm.

**Informationen zu Schwangerschaft und embryonaler Entwicklung im Internet**

Zu diesem Themenkomplex gibt es eine Vielzahl guter Seiten im Internet. Du kannst die entsprechende Woche oder ein Symptom googeln und wirst akkurate Informationen finden – ganz anders als bei Informationen zum Schwangerschaftsabbruch. Allerdings richten sich fast alle Websites an Schwangere, die ein Kind bekommen wollen, oft wird direkt die „werdende Mama" angesprochen. Das solltest du im Kopf haben, ehe du auf so eine Seite klickst.

ES IST ALLEIN DEINE ENTSCHEIDUNG
WEG MIT §218
YOUR BODY YOUR CHOICE

# 9 – §218 und weitere Gesetze

# Die rechtliche Situation

**In diesem Kapitel erfährst du …**

·

Wie die Rechtslage in Deutschland,
Österreich und der Schweiz aussieht

·

Wie andere Länder weltweit
Abtreibungen regeln

·

Wie sich die Gesetze im Lauf der Zeit
verändert haben

·

Was passieren würde,
wenn Abbrüche legal wären

•

Abtreibungen gibt es seit Tausenden von Jahren und es gibt sie überall auf der Welt. Die erste schriftliche Überlieferung von Schwangerschaftsabbrüchen stammt aus dem Jahr 1550 vor christlicher Zeitrechnung. Das älteste überlieferte Gesetz dazu ist über 3.000 Jahre alt: Laut den mittelassyrischen Gesetzen war es Frauen unter Strafe verboten, eine Schwangerschaft gegen den Willen ihres Ehemanns abzubrechen, da Kinder als Eigentum des Mannes galten.

Fast alle Kulturen, in denen es Wissen darüber gab, dass eine Schwangerschaft aktiv beendet werden kann, haben mit der Zeit rechtliche Regelungen dafür etabliert.

In Deutschland, Österreich und der Schweiz gilt ein selbstbestimmter Schwangerschaftsabbruch bis heute als Straftat, die aber unter bestimmten Bedingungen nicht strafverfolgt wird.

## DIE AKTUELLE RECHTSLAGE IN DEUTSCHLAND

§ 218 im deutschen Strafgesetzbuch beginnt mit dem Satz: „Wer eine Schwangerschaft abbricht, wird mit Freiheitsstrafe bis zu drei Jahren oder mit Geldstrafe bestraft." Das Gesetz bezieht sich sowohl auf ungewollt Schwangere selbst als auch auf ihre Ärztinnen.

Im folgenden Absatz, § 218a, wird genau geregelt, unter welchen Bedingungen ein Schwangerschaftsabbruch nicht bestraft wird: Der Abbruch muss vor der 14. Schwangerschaftswoche nach der letzten Periode stattfinden. (Im Gesetz steht „12 Wochen seit Empfängnis", auf Seite 35 ff. werden die beiden Berechnungsmethoden erklärt.) Mindestens drei Tage vorher muss ein Beratungsgespräch bei einer dafür zugelassenen Stelle durchgeführt und bescheinigt worden sein und der Eingriff darf nur von einer Ärztin oder einem Arzt vorgenommen werden. (In anderen Ländern dürfen z. B. auch Hebammen Abbrüche durchführen.)

Zudem wird in § 218a die Straffreiheit für Schwangerschaftsabbrüche geregelt, die medizinisch notwendig sind, um die körperliche und seelische Gesundheit der Schwangeren zu schützen, sowie die Straffreiheit für Abbrüche, die nach einer Vergewaltigung vorgenommen werden. Die Straffreiheit für die sogenannte Beratungslösung, die medizinische und die kriminologische Indikation sind rechtlich gesehen Ausnahmeregelungen.

In § 219 wird die Pflichtberatung geregelt, die laut Gesetz bei einer anerkannten Beratungsstelle erfolgen muss und über die eine Bescheinigung mit dem Namen der Beratenen und dem Datum ausgestellt werden muss. Der mittlerweile gestrichene § 219a hat Ärztinnen bis ins Jahr 2022 unter Strafe verboten, Informationen zu Schwangerschaftsabbrüchen auf ihren Websites oder in Broschüren zu veröffentlichen. Dieser Teil des Gesetzes wurde auch als „Werbeverbot" bezeichnet, de facto war es ein Informationsverbot. Bis 2019 durften Ärztinnen und Krankenhäuser nicht einmal die Tatsache, dass sie Abbrüche anbieten, öffentlich machen. Mehrere Ärztinnen, die das dennoch taten, wurden zu Geldstrafen verurteilt. Aufgrund dieses jahrzehntelangen Verbots gibt es auch heute auf den Websites von Ärztinnen, die Abbrüche durchführen, oft wenige oder gar keine Informationen zu den Methoden, dem Ablauf und den Kosten – im Gegensatz zu vielen anderen medizinischen Leistungen, die vorgestellt, erläutert und „beworben" werden.

**Du machst dich nicht strafbar!**

Wenn du die gesetzlichen Vorgaben einhältst, ist eine Abtreibung auch nach aktuellem Recht in Deutschland, Österreich und in der Schweiz absolut rechtmäßig. Weder du tust etwas Strafbares, noch deine Ärztin tut das.
Wichtig ist, dass die Einhaltung der gesetzlichen Vorgaben dokumentiert ist, aber dafür sorgt deine Ärztin.

## DAS SCHWANGERSCHAFTSKONFLIKTGESETZ

In diesem eigenständigen Gesetz mit dem ausführlichen Titel „Gesetz zur Vermeidung und Bewältigung von Schwangerschaftskonflikten" werden in Deutschland alle Details zum Schwangerschaftsabbruch, der Pflichtberatung sowie zur vertraulichen Geburt geregelt. Es bezieht sich auf §218 und §219 im Strafgesetzbuch und regelt deren konkrete Ausgestaltung. Es enthält viele sinnvolle Vorgaben, wie zum Beispiel die kostenlose Bereitstellung von Aufklärungsmaterialien für alle und den Auftrag an die Bundesländer, ausreichend kostenfreie Beratungsmöglichkeiten für Schwangere zu gewährleisten. Auch die Kostenübernahme für Abbrüche durch die Krankenkasse (siehe S. 99) ist hier gesetzlich geregelt. Leider macht aber auch dieses Gesetz Vorgaben, die es ungewollt Schwangeren erschweren, eine selbstbestimmte Entscheidung zu treffen.

Das gilt vor allem für das in §12 festgeschriebene Recht, die Mitwirkung an einem Schwangerschaftsabbruch ohne Angabe von Gründen verweigern zu dürfen. Dieser kurze Satz ist der

Grund dafür, dass selbst in vielen öffentlichen Krankenhäusern keine Schwangerschaftsabbrüche durchgeführt werden. Und das, obwohl in § 13 desselben Gesetzes verlangt wird, dass die Bundesländer eine ausreichende Versorgung mit Einrichtungen, die Abbrüche vornehmen, sicherstellen.

Auf den ersten Blick erscheint es, als würde durch das Weigerungsrecht die Selbstbestimmung der Ärztinnen gestärkt. Überträgt man es aber auf andere, ähnlich häufig notwendige Eingriffe, wird die Absurdität deutlich. So ist es kaum vorstellbar, dass Ärztinnen sich weigern dürfen, Blinddarm-OPs durchzuführen oder an Bluttransfusionen mitzuwirken.

Das Weigerungsrecht zementiert die Stigmatisierung von Abbrüchen als „nicht normal", obwohl Schwangerschaftsabbrüche zu den häufigsten gynäkologischen Eingriffen gehören. Hunderttausende benötigen jedes Jahr einen Abbruch, somit sollte er gerade im medizinischen Alltag durchaus als „normal" gelten.

Zudem gibt es widersprüchliche Formulierungen in den Gesetzen. In § 219 StGB heißt es: „Die Beratung dient dem Schutz des ungeborenen Lebens. Sie hat sich von dem Bemühen leiten zu lassen, die Frau zur Fortsetzung der Schwangerschaft zu ermutigen und ihr Perspektiven für ein Leben mit dem Kind zu eröffnen." Im Schwangerschaftskonfliktgesetz steht hingegen: „Die nach § 219 des Strafgesetzbuches notwendige Beratung ist ergebnisoffen zu führen. Sie geht von der Verantwortung der Frau aus." Wie ein Beratungsgespräch gleichzeitig ergebnisoffen und zur Fortsetzung der Schwangerschaft ermutigend ablaufen soll, lässt das Gesetz offen.

**NINA STRASSER, JURISTIN**

*Es gibt kein einziges Gesetz in Deutschland, das exklusiv in den Körper von volljährigen Männern eingreift.*
*Kein Gesetz „schützt" den Mann vor etwas, zu dem sein männlicher Körper biologisch exklusiv in der Lage ist. Kein Gesetz knüpft eine Entscheidung über etwas, was nur ein männlicher Körper kann, an Strafbarkeiten oder Beratungen. Das Recht, ganz allein über die Funktionen des eigenen Körpers zu bestimmen, muss endlich ganz grundsätzlich und überall nicht nur für Männer gelten, sondern auch für den Teil der Menschheit, der über eine Gebärmutter verfügt.*

## DIE AKTUELLE RECHTSLAGE IN ÖSTERREICH

In Österreich verbietet das Strafgesetz Schwangerschaftsabbrüche, auch wenn sie nach dem Willen der Schwangeren geschehen. § 96 des österreichischen Strafgesetzbuchs sieht für Ärztin und Schwangere Haftstrafen von bis zu einem Jahr vor. Im darauffolgenden § 97 wird die Straflosigkeit für Abbrüche „innerhalb der ersten drei Monate nach Beginn der Schwangerschaft", also bis zur 14. Schwangerschaftswoche, geregelt. Vor dem Eingriff muss die durchführende Ärztin mit ihrer Patientin ein Beratungsgespräch führen.

In diesem Gesetz wird außerdem festgeschrieben, dass keine Ärztin verpflichtet werden kann, Abbrüche durchzuführen, ein Umstand, der auch in Österreich dazu führt, dass es vielerorts zu wenige Möglichkeiten für einen sicheren Schwangerschaftsabbruch gibt. Im letzten Absatz des § 97 steht zudem, dass niemand wegen einer solchen Weigerung diskriminiert werden darf – allerdings auch nicht für die Durchführung eines Schwangerschaftsabbruchs.

## DIE AKTUELLE RECHTSLAGE IN DER SCHWEIZ

In der Schweiz sind Schwangerschaftsabbrüche ebenfalls laut Strafgesetzbuch verboten. Immerhin wird gleich im ersten Satz des Artikels 118 die Ausnahmeregelung für straflose Abbrüche erwähnt. Diese Ausnahmen werden in Artikel 119 aufgeführt, dazu zählen medizinisch notwendige Abbrüche zur Abwendung körperlicher Schäden oder einer seelischen Notlage sowie selbstbestimmte Abbrüche, bis zum Ende der zwölften Schwangerschaftswoche, gerechnet ab dem ersten Tag der letzten Periode. Diese Entscheidung muss schriftlich gegenüber einer Ärztin kundgetan werden. Die Ärztin darf den Eingriff nicht ohne ein vorheriges Beratungsgespräch durchführen. Bei diesem Gespräch muss sie der Patientin Informationen zu Beratungsstellen, Unterstützungsangeboten und der Möglichkeit der Adoptionsfreigabe aushändigen. Für ungewollt Schwangere unter 16 besteht zusätzlich die Pflicht, vorab eine spezielle Beratungsstelle für Kinder und Jugendliche aufzusuchen.

## RECHTSLAGE IN EUROPA

In den meisten europäischen Ländern gelten Fristenregelungen ähnlich den oben beschriebenen Gesetzen im deutschsprachigen Raum. Die folgende Tabelle gibt einen Überblick über die Regelungen in ausgewählten europäischen Ländern:

| | Frist | Pflichtberatung* | Wartezeit | Kassenleistung |
|---|---|---|---|---|
| Belgien | 14. Woche | ja | ja (6 Tage) | ja |
| Dänemark | 12. Woche | nein | nein | ja |
| Deutschland | 14. Woche | ja | ja (3 Tage) | nein |
| Frankreich | 14. Woche | nein | nein | ja |
| Großbritannien | 24. Woche (Lebensfähigkeit) | nein | nein | ja |
| Holland | 22. Woche (Lebensfähigkeit) | nein | nein (ab 2023) | ja |
| Italien | 13. Woche | ja | ja (7 Tage) | ja |
| Österreich | 14. Woche | nein | nein | nein |
| Schweden | 18. Woche | nein | nein | ja |
| Schweiz | 12. Woche | nein | nein | ja |
| Spanien | 14. Woche | nein | nein | ja |
| Tschechien | 12. Woche | nein | nein | ja (ca. 20 € Zuzahlung) |

***Pflichtberatung bei einer anderen Person/Stelle als der behandelnden Ärztin**

Die Beratung und Information vor dem Abbruch ist unterschiedlich geregelt, in den meisten Ländern sind die Ärztinnen verpflichtet, ein ausführliches Aufklärungsgespräch zu führen und dies zu dokumentieren. Nur in wenigen Ländern besteht die Auflage, sich von einer dritten Stelle (Beratungseinrichtung, andere Ärztin oder Gesundheitsamt) beraten zu lassen.

Fast überall in Europa, wo Abbrüche straffrei möglich sind, übernimmt die jeweilige gesetzliche Krankenkasse die Kosten für den Eingriff. Das gilt allerdings nur, wenn ein Versicheungsschutz in diesem Land besteht, also nicht, wenn eine ungewollt Schwangere für den Eingriff ins Ausland reist. Da in vielen Ländern, so wie im deutschsprachigen Raum, Ärztinnen die Möglichkeit haben, Abbrüche abzulehnen, müssen ungewollt Schwangere oft private Kliniken aufsuchen und den Eingriff dort selbst bezahlen.

Zudem gibt es in einigen Ländern weitere Regelungen, die erwähnenswert sind:

In Frankreich sollen zukünftig auch Hebammen Abbrüche durchführen können. Außerdem gibt es ein Gesetz, das es verbietet, Schwangerschaftsabbrüche zu erschweren oder zu behindern, etwa durch die gezielte Verbreitung von falschen Informationen. In Reaktion auf die Streichung des Rechts auf Abtreibung in den USA haben Mitglieder der Nationalversammlung im Sommer 2022 angekündigt, dieses Recht in die französische Verfassung aufzunehmen.

In Holland gibt es eine eigene rechtliche Regelung für die sogenannte Überfälligkeitsbehandlung. Dieser Begriff bezeichnet den Abbruch einer Schwangerschaft innerhalb der ersten sechs Wochen nach der letzten Periode. Für eine Überfälligkeitsbehandlung gelten weniger Auflagen als für einen Abbruch nach der sechsten Woche, sie kann beim ersten Arztbesuch medikamentös durchgeführt werden.

## RECHTSLAGE WELTWEIT

Weltweit gibt es sehr unterschiedliche rechtliche Regelungen für Schwangerschaftsabbrüche, sie reichen von strikten Verboten, selbst bei Lebensgefahr für die Schwangere, bis zu komplett selbstbestimmten Abbrüchen, die von der Krankenkasse übernommen werden, wie es beispielsweise in Indien, Kanada und Holland schon seit über dreißig Jahren der Fall ist. In Indien sind die notwendigen Medikamente für einen medikamentösen Abbruch als Kombipackung in der Apotheke erhältlich.

In den letzten Jahren haben viele Länder die rechtlichen Regelungen im Sinne ungewollt Schwangerer verbessert, darunter die stark katholisch geprägten Länder Irland und Argentinien. Dort wurden 2019 bzw. 2021 Abbrüche in den ersten Schwangerschaftswochen legalisiert und zu einer kostenfreien Leistung des öffentlichen Gesundheitssystems gemacht.

Es gibt allerdings auch Länder, die diese so essenziellen Rechte für Frauen nie gewährt haben oder sogar wieder einschränken. So hat Polen sein ohnehin schon striktes Gesetz zu Abtreibung im Jahr 2020 weiter verschärft, Schwangerschaftsabbrüche sind nun nicht einmal mehr bei schwerer Krankheit des Fötus möglich.

Während der Phase der „Ein-Kind-Politik" wurden in China Schwangere, die bereits ein Kind hatten, oft zu einer Abtreibung gezwungen. Seit 2016 gelten zwei Kinder pro Familie als ideal, seit 2021 sind es drei Kinder, die eine Familie bekommen soll. Als Konsequenz wurde die Möglichkeit, eine Schwangerschaft abzubrechen, stark eingeschränkt, seit 2022 müssen medizinische Gründe vorliegen, damit überhaupt ein Abbruch durchgeführt werden kann.

In den USA wurde 2022 ein bedeutendes Urteil aus den Siebzigerjahren aufgehoben. Dieses auch als „Roe vs. Wade" bekannte Urteil hatte Abtreibung in den ersten Wochen zu einem Recht für alle Schwangeren in den USA gemacht. Seit der Aufhebung des Urteils ist es den einzelnen Bundesstaaten überlassen, wie sie Schwangerschaftsabbrüche rechtlich regeln. In vielen konservativen Bundesstaaten gilt seitdem ein striktes und ausnahmsloses Abtreibungsverbot.

In vielen afrikanischen und südamerikanischen Ländern sind Schwangerschaftsabbrüche entweder vollumfänglich verboten oder nur möglich, wenn das Leben der Schwangeren in Gefahr ist. Ausnahmen sind hier das bereits erwähnte Argentinien oder etwa Tunesien, wo jedenfalls in der Theorie seit 1973 Abtreibung in den ersten drei Monaten erlaubt ist. In Ländern mit Abtreibungsverboten, in denen Frauen zur Austragung gezwungen werden, versuchen ungewollt Schwangere oft, die Schwangerschaft mit unsicheren Methoden zu beenden, was häufig zu ernsten Verletzungen führt, nicht selten auch zum Tod. So sterben immer noch jedes Jahr Zehntausende Frauen wegen Gesetzen, die vorgeben, Leben schützen zu wollen.

## WELCHE RECHTE HAT EIN EMBRYO?

In der Rechtswissenschaft wird unterschieden zwischen der befruchteten Eizelle vor der Einnistung und dem Embryo/Fötus, der sich in der Gebärmutter eingenistet hat. Eingriffe, die die

Einnistung verhindern, wie zum Beispiel die Pille danach, gelten auch rechtlich nicht als Schwangerschaftsabbruch. Ob überzählige Embryos, die für In-vitro-Behandlung gezeugt wurden, weiter aufbewahrt oder entsorgt werden, dürfen die beteiligten Paare frei entscheiden. Das Embryonenschutzgesetz regelt sehr genau, wie Embryos für künstliche Befruchtung gezeugt und behandelt werden dürfen. Es bezieht sich ausschließlich auf In-vitro Embryonen vor der Einnistung.

Ab der Einnistung wird der Embryo als „Nasciturus“ (lat. „wird geboren werden“) bezeichnet. Laut dem deutschen Bundesverfassungsgericht gilt zwar die Menschenwürde (Artikel 1 des Grundgesetzes) schon ab der Einnistung, ein Embryo oder Fötus hat aber juristisch noch kein eigenständiges Recht auf Leben (Artikel 2 GG). Auch wenn Abtreibungsgegner*innen das oft behaupten oder fordern, gibt es keine Rechtsprechung, die das Recht auf Leben schon vor der Geburt beginnend sieht. Deshalb kann auch bei einer Fehlgeburt die Schwangere nicht für mögliches Fehlverhalten juristisch belangt werden, selbst wenn sie Aktivitäten unternommen hat, die möglicherweise zur Fehlgeburt geführt oder beigetragen haben.

Embryos können als zukünftige Menschen trotzdem schon zu Rechtssubjekten werden, zum Beispiel als spätere Erben. Diese Rechte treten aber nur dann ein, wenn der Mensch auch geboren wird.

Erst mit dem Ende der Geburt, also wenn ein Kind „auf der Welt“ ist, außerhalb des Körpers der Mutter, gilt es rechtlich als eigener Mensch. Ab diesem Zeitpunkt gelten für das Kind alle Menschen- und Grundrechte.

### „Ungeborenes Leben" – zum Hintergrund eines viel benutzten Begriffs

In den Siebzigerjahren begannen Abtreibungsgegner*innen verstärkt vom „ungeborenen Leben" zu sprechen. Der Begriff klingt erst mal harmlos und weckt Mitgefühl. Tatsächlich ist es ein – leider erfolgreicher – Versuch, mit sprachlicher Verzerrung die politische Debatte zu beeinflussen. Wer das Recht auf Abtreibung befürwortet, ist „gegen das Leben", so die Unterstellung. Es gibt allerdings keine biologische Definition des „ungeborenen Lebens" (siehe Kapitel 8), auch juristisch war der Ausdruck vor den Siebzigerjahren nicht bekannt. Dennoch hat der manipulative Begriff Einzug in die politische und juristische Debatte gehalten. Heute wird er sowohl im Strafgesetzbuch als auch im Schwangerschaftskonfliktgesetz verwendet: Diese Gesetze sollen ausdrücklich „dem Schutz des ungeborenen Lebens" dienen.

So werden ungewollt Schwangere zu juristischen Gegnerinnen der wachsenden Zellen in ihrem Körper, die zwar zu einem Menschen werden können, aber gerade zu Beginn einer Schwangerschaft definitiv noch kein der Schwangeren gleichberechtigter Mensch sind, weder biologisch noch juristisch.

## DER KAMPF GEGEN DAS ABTREIBUNGSVERBOT – SEIT ÜBER 150 JAHREN

Bis Mitte des 19. Jahrhunderts galt laut Kirchenrecht eine frühe Schwangerschaft als Teil „der Eingeweide der Mutter". In der Vorstellung der katholischen Kirche wurden männliche Embryos erst vierzig Tage nach Empfängnis „beseelt", weibliche sogar erst nach achtzig Tagen. Ein Eingriff während dieses Zeitraums galt nicht als Schwangerschaftsabbruch, sondern als Regulierung der Monatsblutung, die dadurch wieder eintreten konnte. Diese „Blutungsregelung" wurde auch von der Kirche nicht als Sünde betrachtet.

Mit wachsenden wissenschaftlichen Erkenntnissen wurden sichere, medizinische Methoden für Schwangerschaftsabbrüche entwickelt, was wiederum die Gesetzgebung auf den Plan rief. Der §218 wurde erstmals 1871 in das Strafgesetzbuch des damaligen Deutschen Reichs aufgenommen, seitdem gelten Abtreibungen als Straftat. Ebenso alt sind auch die Proteste gegen diesen Paragrafen. Schon zu Beginn des 20. Jahrhunderts gab es große Demonstrationen, 1913 wurde erstmals über einen „Gebärstreik" als Protest diskutiert. Zu den bekanntesten Kämpfer*innen gegen das frauenfeindliche Gesetz gehörten damals Käthe Kollwitz und später auch Bertolt Brecht.

Zu dieser Zeit gab es in Deutschland jedes Jahr knapp eine Million Schwangerschaftsabbrüche. Die Pille war noch nicht erfunden, die existierenden Verhütungsmittel wie Kondome oder Schwämmchen waren weniger sicher und bei Weitem nicht so leicht erhältlich wie heute. Viele Frauen entschieden sich aus Not für einen illegalen und oft unsicheren Abbruch.

Durch ein Urteil des Reichsgerichts wurde es in der Weimarer Republik Ärztinnen ermöglicht, straffrei Schwangerschaftsabbrüche vorzunehmen. Allerdings nur, wenn ein medizinischer Grund vorlag, also die körperliche oder geistige Gesundheit der Schwangeren bedroht waren. Diese Regelung wurde oft sehr weit ausgelegt, da es die einzige Möglichkeit für einen legalen Abbruch war.

Mit der Machtergreifung der Nationalsozialisten endeten alle Hoffnungen auf eine Liberalisierung des Abtreibungsrechts. Für „arische" Frauen war jede Form der Verhütung strengstens verboten, sie sollten so viele Kinder wie möglich gebären. Auf Schwangerschaftsabbruch stand für alle Beteiligten die Todesstrafe. Außerdem erließen die Nationalsozialisten ein weiteres Gesetz, das auch die Veröffentlichung von Informationen über Schwangerschaftsabbrüche unter Strafe stellte, den späteren §219a, der bis 2022 galt. Viele andere Frauen, darunter Jüdinnen, Behinderte oder Angehörige von Minderheiten, wurden hingegen auch bei gewünschten Schwangerschaften zu Abtreibungen gezwungen, zwangssterilisiert oder ermordet.

Nach dem Zweiten Weltkrieg wurde in der Bundesrepublik darauf verzichtet, die Gesetzeslage in Sachen Schwangerschaftsabbruch zu verbessern. Einzig die Todesstrafe wurde aus dem §218 gestrichen, da sie mit Einführung des deutschen Grundgesetzes abgeschafft wurde.

Erst in den Siebzigerjahren wuchs der Protest gegen das Abtreibungsverbot wieder, angeführt von der Frauenbewegung, und entfachte eine große gesellschaftliche Debatte. 1971 veröffentlichte das Magazin Stern unter dem Titel „Ich habe abgetrieben" die Fotos und Namen von über dreihundert Frauen, die sich öffentlich zu ihrem Abbruch bekannten und die Legalisierung von Abtreibung forderten.

### Geburt als Machtfrage

Wo Abtreibungen verboten sind, gibt es de facto einen Gebärzwang für Frauen. Der Blick in die Geschichte zeigt, dass es dabei schon seit Jahrhunderten vor allem um zwei Ziele geht: die Einschränkung der Selbstbestimmung von einzelnen Menschen, in der Regel ein Wesenskern autoritärer Staaten, sowie das Wachstum der eigenen Bevölkerung. Vor allem kriegsführende Staaten waren und sind darauf angewiesen, dass ausreichend zukünftige Soldaten geboren werden.

Dieses Zitat eines Gelehrten von 1781 ist, was das anbelangt, immerhin ehrlich: „In einer so wichtigen Sache, als die Vermehrung der Nachwelt und die Bevölkerung der Staaten ist, findet keine Nachsicht gegen das schöne Geschlecht statt." Auch heute ist diese Meinung keineswegs ausgestorben. Erst 2021 wurde beim „Internationalen Demografie-Gipfel" in Ungarn in derselben Stoßrichtung festgestellt: „In der westlichen Welt werden nicht genug Kinder geboren, langfristig drohen ganze Nationen zu verschwinden, weil individuelle Interessen über die der Gemeinschaft gestellt werden." Frauen sollen gebären, ob freiwillig oder erzwungen – das galt 1781 und das gilt heute in Ungarn, Polen, Russland, China und in vielen Staaten der USA.

Die Frauenbewegung der Siebzigerjahre (in der nicht nur Frauen engagiert waren!) forderte von Anfang an die Legalisierung von Schwangerschaftsabbrüchen und ein Selbstbestimmungsrecht über den eigenen Körper. Dennoch scheiterte 1975 der Versuch, das Abtreibungsrecht zu liberalisieren und eine bedingungslose Fristenlösung einzuführen. Grund war ein Urteil des Bundesverfassungsgerichts, das den grundgesetzlichen Schutz des Lebens auch für „ungeborenes Leben" forderte und damit der Rhetorik der Abtreibungsgegner*innen folgte. 1976 wurden in §218a enge Grenzen für Indikationen („medizinisch-sozial", „eugenisch", „kriminologisch" oder eine „anderweitige Notlage") definiert, im Rahmen derer ein straffreier Abbruch innerhalb unterschiedlicher Fristen möglich war. Die Feststellung dieser Indikation lag in der Verantwortung der Ärztinnen.

In der DDR hingegen wurde schon 1972 eine bedingungslose Fristenregelung bis zur 14. Woche eingeführt. In diesem Zeitraum konnte sich jede Schwangere frei für oder gegen die Fortsetzung einer Schwangerschaft entscheiden. Abbrüche waren Teil der öffentlichen Gesundheitsversorgung in Ostdeutschland, sie wurden von der Krankenkasse übernommen und waren gesellschaftlich breit akzeptiert.

Mit der Wiedervereinigung war deshalb eine Reform notwendig. Es sollte bis 1995 dauern, bis §218a um die Fristenlösung mit Beratungszwang und Wartezeit ergänzt wurde – die bis heute gültige Gesetzesfassung. Aus ostdeutscher Sicht ein klarer Rückschritt für das Selbstbestimmungsrecht und auch für westdeutsche Feminist*innen ein schlechter Kompromiss.

Seit 2017 steht §219a im Fokus der öffentlichen Debatte, mehrere Ärztinnen und Ärzte, darunter Kristina Hänel, wurden angezeigt und verurteilt, weil sie auf ihren Internetseiten über Abbrüche in ihren Praxen informiert hatten. 2019 wurde der Paragraf minimal reformiert, unter der Großen Koalition war es nun Ärztinnen erlaubt, öffentlich zu machen, dass sie Abbrüche anbieten. Jede weitere und detailliertere Information blieb jedoch nach wie vor verboten. Erst 2022 wurde unter der Regierung aus SPD, Grünen und FDP dieser Paragraf komplett abgeschafft. SPD und Grüne haben die Forderung der Frauenbewegungen in ihr Programm aufgenommen, sich für die Abschaffung von §218 einzusetzen. Der Koalitionsvertrag kündigt die Einsetzung einer Kommission dazu an.

Im Sommer 2021 wiederholte der Stern das mittlerweile legendäre Cover, wieder wurden Frauen porträtiert, die über sich selbst sagen, „Ich habe abgetrieben", und für die lang überfällige Legalisierung von Schwangerschaftsabbrüchen eintreten. Bis dieses Ziel erreicht ist, werden auch in Deutschland Feminist*innen dafür kämpfen, dass alle Menschen ausnahmslos und zu jeder Zeit selbst über ihren Körper entscheiden dürfen.

## WAS PASSIERT, WENN ABTREIBUNGEN RECHTLICH ERLAUBT WERDEN

Es gibt mehrere Länder, in denen Schwangerschaftsabbrüche ein vollkommen legaler Teil der Gesundheitsversorgung sind. In keinem dieser Länder gibt es deutlich mehr oder spätere Abbrüche als in Ländern, in denen es gesetzliche Einschränkungen und Fristen für einen Abbruch gibt. Studien zeigen, dass Verbote, Auflagen oder Einschränkungen nicht dazu führen, dass es weniger Abbrüche gibt. Sie führen allerdings dazu, dass ungewollt Schwangere zu illegalen, oft unsicheren Methoden gezwungen werden. Ein Grund, weshalb die Weltgesundheitsorganisation fordert, dass alle Schwangeren weltweit die Möglichkeit haben sollten, auf legalem und sicherem Weg eine Schwangerschaft abzubrechen. Hürden wie die in Deutschland geltende Bedenkfrist erschweren und verzögern den Prozess für Betroffene und sollen laut WHO daher abgeschafft werden.

In Kanada sind seit 1988 Schwangerschaftsabbrüche ohne jegliche Auflagen und ohne gesetzliche Fristen vollständig legalisiert, auch dort finden etwa 90 % der Abbrüche in den ersten zwölf Wochen statt. In Holland, wo sich Schwangere seit den Achtzigerjahren bis zur Lebensfähigkeit des Fötus (in der Praxis bis zur 22. Woche) frei zwischen Fortsetzung oder Beendigung einer Schwangerschaft entscheiden können, ist die Zahl der Abbrüche im internationalen Vergleich sogar besonders niedrig, da nicht nur Abtreibung weniger tabuisiert ist, sondern auch Sexualaufklärung und der einfache Zugang zu Verhütungsmitteln rechtlich abgesichert sind.

Abbrüche der Schwangerschaft gegen den Willen einer Schwangeren, etwa durch Schläge oder Tritte, sind in jedem Fall eine Straftat. Solche Gewaltdelikte werden als schwere Körperverletzung verfolgt, unabhängig davon, ob selbstbestimmte Abbrüche legal sind oder nicht. In einigen Ländern gibt es zusätzlich den gesonderten Straftatbestand des gewaltsamen, unfreiwilligen Schwangerschaftsabbruchs, um dieses schwere Verbrechen entsprechend zu ahnden.

Eine Aufhebung des Verbots von Abtreibungen hieße nicht, dass es keine gesetzlichen Regelungen dazu mehr gäbe. Das Recht, sich im Falle einer ungewollten Schwangerschaft für einen legalen, sicheren Abbruch entscheiden zu können, ist in vielen Ländern in Sozialgesetzen geregelt. In Deutschland wäre es auch denkbar, das existierende Schwangerschaftskonfliktgesetz dementsprechend zu verändern. Auch etwaige Fristenlösungen und andere Vorgaben können selbstverständlich außerhalb des Strafgesetzes festgelegt werden, so wie das auch in Kanada der Fall ist.

Eine solche Legalisierung hätte vor allem zur Folge, dass ungewollt Schwangere weniger stigmatisiert und gegängelt und stattdessen schneller und besser versorgt würden. Durch den Wegfall der Beratungspflicht und der Bedenkzeit könnten Abbrüche früher und einfacher erfolgen, was weniger belastend wäre. Wenn Schwangerschaftsabbrüche Teil der Gesundheitsversorgung wären, wäre es naheliegend, diesen wichtigen Eingriff fest in der Ausbildung von zukünftigen Gynäkologinnen zu verankern. Damit würde sich die Versorgungslage nachhaltig verbessern, Frauen müssten nicht mehr so weite Wege in Kauf nehmen, um einen Abbruch vornehmen zu lassen. Außerdem könnten die gesetzlichen Krankenkassen die Kosten übernehmen. Es gäbe nicht mehr Abtreibungen, aber es gäbe weniger Leid für die Betroffenen. Das sollte mehr als Grund genug sein.

ADRESSEN
A B C
D E F
G H I
J K L
M N O
P Q R S
T U V
W X Y Z

# 10 – Beratungsstellen, Ärzt*innen- und Klinikfinder, nützliche Links und Quellen

Auf den folgenden Seiten findest du weiterführende Kontaktinformationen zu Beratungsstellen sowie Verweise zu genutzten Quellen, wissenschaftlichen Studien und den relevanten Gesetzestexten zu ungeplanten Schwangerschaften und Schwangerschaftsabbruch. Hier wirst du fündig, falls du zu einzelnen Themen aus den vorhergehenden Kapiteln vertiefende Informationen suchst. Lies und nutze das, was dich interessiert, was für dich selbst gerade wichtig ist. Alles, was du unbedingt wissen musst, konntest du in den vorangegangenen Kapiteln erfahren.

Alle hier genannten Organisationen sind vertrauenswürdig, sie werden von öffentlichen Stellen betrieben bzw. von diesen empfohlen. So kannst du dir sicher sein, dass du fachkundige und möglichst neutrale Beratung und Informationen bekommst.

Zur einfachen Orientierung sind die Kontakte, Links und Quellen nach den entsprechenden Buchkapiteln angeordnet.

# SCHWANGER UND JETZT?

## Informationen zu ungeplanter Schwangerschaft in Deutschland, Österreich und der Schweiz

Bundeszentrale für gesundheitliche Aufklärung (BZgA) in Deutschland:
**https://www.familienplanung.de/schwangerschaftskonflikt/**

Öffentliches Gesundheitsportal Österreichs:
**https://www.gesundheit.gv.at/leben/eltern/schwangerschaft/info/schwangerschaftsabbruch.html**

First Love, Website der österreichischen Gesellschaft für Familienplanung:
**https://firstlove.at/**

Website „Sexuelle Gesundheit Schweiz":
**https://www.sexuelle-gesundheit.ch/themen/schwangerschaft-gewollt-ungewollt**

Pro Familia:
**www.profamilia.de/themen/ungewollt-schwanger**

Instagram:
**https://www.instagram.com/mehr.als.du.denkst/** ist ein Account mit vielen Infografiken rund um das Thema ungeplante Schwangerschaft und Schwangerschaftsabbruch.

## Informationen in anderen Sprachen

Broschüren (pdf) von Pro Familia, u. a. auf Arabisch, Bulgarisch, Englisch, Französisch, Polnisch, Rumänisch, Russisch, Ukrainisch, Türkisch und Vietnamesisch:
**https://www.profamilia.de/publikationen**

Mehrsprachige Website von GynMed, u. a. auf Chinesisch, Kroatisch, Spanisch, Polnisch und Slowenisch:
**https://www.gynmed.at/**

Portal der Weltgesundheitsorganisation (WHO) zum Thema Abtreibung (englisch, arabisch, chinesisch, französisch, russisch und spanisch):
**https://www.who.int/health-topics/abortion**

## Wissenschaftliche Studien

Diese Studie zeigt, wie häufig ungeplante Schwangerschaften in Deutschland sind, und untersucht die persönlichen und gesellschaftlichen Gründe:
Feldhaus, M., & Boehnke, M. (2007). „Ungeplante Schwangerschaften: wider das Ideal der Naturbeherrschung?" Kassel: Deutsche Gesellschaft für Soziologie (DGS)
**https://nbn-resolving.org/urn:nbn:de:0168-ssoar-319734**

Laut dieser repräsentativen Umfrage ist etwa jede dritte Schwangerschaft in Deutschland ungeplant:
Bundeszentrale für gesundheitliche Aufklärung (2014). „frauen leben 3: Familienplanung von 20- bis 44-jährigen Frauen – Schwerpunkt: ungewollte Schwangerschaften und Schwangerschaftskonflikte – erste Befragungsrunde." Köln: BZgA.
**https://www.forschung.sexualaufklaerung.de/projekt/frauen-leben-3-familienplanung-von-20-bis-44-jaehrigen-frauen-schwerpunkt-ungewollte-schwangersc/books/**

Diese internationale Studie zu ungeplanten Schwangerschaften zeigt, dass der Anteil ungeplanter Schwangerschaften weltweit deutlich höher liegt als in Deutschland (englisch):
Bearak, Jonathan, et al. (2020). „Unintended pregnancy and abortion by income, region, and the legal status of abortion: estimates from a comprehensive model for 1990–2019." The Lancet Global Health 8.9: e1152-e1161.
**https://www.thelancet.com/journals/langlo/article/PIIS2214-109X(20)30315-6/fulltext**

## Rechner zur Ermittlung der Schwangerschaftsdauer

Fast alle Websites und Apps berechnen direkt den Geburtstermin und richten sich an Schwangere mit Kinderwunsch. Auf der Startseite dieser Seite kannst du dir neutral die Dauer berechnen lassen, gerade auch, wenn deine Entscheidung noch nicht feststeht:
**https://abtreibung-adressen.eu/**

## Babyklappen

Liste aller Babyklappen in Deutschland:
**https://www.babyklappe24.de/**

Babyklappen in Österreich:
**https://www.gesundheit.gv.at/service/beratungsstellen/gesund-leben/eltern-kind/babyklappen-und-babynester-in-oesterreich**

Babyklappen in der Schweiz:
**https://www.babyfenster.ch/**
(Achtung! Diese Seite wird von einer abtreibungsfeindlichen Stiftung betrieben, es ist derzeit leider die einzige vollständige Liste für die Schweiz.)

## Rat und Beratung

Hilfetelefon und Chat für (ungeplant) Schwangere:
**0800 40 40 020**
**www.geburt-vertraulich.de/online-beratung**
Dieses Angebot wird von der Bundeszentrale für gesundheitliche Aufklärung (BZgA) betrieben, der Anruf ist in Deutschland kostenlos, die Hotline ist 24 Stunden erreichbar. Für Einzelchats kannst du online einen Termin ausmachen. Die Beratung ist anonym und die Berater*innen unterliegen der Schweigepflicht. Das Hilfetelefon richtet sich auch an gehörlose und schwerhörige Menschen, die Informationen der Website sind barrierefrei abrufbar und auch in leichter Sprache verfügbar. Leider wird die Beratung nur auf Deutsch und Englisch angeboten. Bei den Schwangerschaftskonfliktberatungen, insbesondere bei Pro Familia, wird Beratung in sehr vielen Sprachen angeboten, sodass möglichst viele Schwangere in ihrer Muttersprache beraten werden können. Diese Beratungsstellen sind im Abschnitt „Vor dem Abbruch" aufgelistet, sie stehen dir aber selbstverständlich zu jedem Zeitpunkt offen, auch wenn du noch keine Entscheidung getroffen hast, und natürlich auch, wenn du schwanger bleiben möchtest.

Liste vertrauenswürdiger Beratungsstellen in Österreich:
**https://www.konfliktschwangerschaft.at/beratungsstellen**

Liste vertrauenswürdiger Beratungsstellen in der Schweiz:
**https://www.sexuelle-gesundheit.ch/beratungsstellen?city=&radius=&topic=Schwangerschaftsabbruch#consultancy_search**

# ES IST ALLEIN DEINE ENTSCHEIDUNG

TED-Talk von Prof. Ruth Chang: „Wie man schwierige Entscheidungen fällt" (Video und Text, auch auf Deutsch):
**www.ted.com/talks/ruth_chang_how_to_make_hard_choices/transcript**

Wissenschaftlicher Artikel von Prof. Ruth Chang (englisch, Volltext kostenpflichtig):
Chang, Ruth. (2017) „Hard choices." Journal of the American Philosophical Association 3.1: 1-21.
**https://doi.org/10.1017/apa.2017.7**

Ausführlicher Text zu ethischen Argumenten im Rahmen der Entscheidung über einen Schwangerschaftsabbruch, verfasst von der Ethik-Professorin Prof. Dr. Dagmar Fenner für die Bundeszentrale für politische Bildung (10.12.2013):
**https://www.bpb.de/themen/umwelt/bioethik/159793/schwangerschaftsabbruch/**

House of one-Podcast 331, Folge 24: „Wie gehen Religionen mit Schwangerschaftsabbrüchen um?" (28.4.2022):
**https://331houseofone.podigee.io/25-schwangerschaftsabbruch**

### Informationen zum Schwangerschaftsabbruch

Bundeszentrale für gesundheitliche Aufklärung (BZgA):
**https://www.familienplanung.de/schwangerschaftskonflikt/schwangerschafts-abbruch/**

Bei Pro Familia:
**www.profamilia.de/themen/schwangerschaftsabbruch**

Bei der AWO:
**https://awo-schwanger.de/schwangerschaftsabbruch/**

Die Website von GynMed, einem österreichischen Klinikum, versammelt ausführliche beratende und medizinische Informationen:
**https://www.gynmed.at/**

Broschüre des Frauenbüros Saarbrücken, die den Ablauf eines Abbruchs zusammenfasst:
**https://www.saarbruecken.de/rathaus/stadtpolitik/frauenbuero/informationen_zum_schwangerschaftsabbruch**

Sehr gute Richtigstellungen von Mythen und Falschinformationen rund um Abtreibung (auch auf Englisch, Französisch und Italienisch):
**http://abtreibungs-mythen.info/**

Fakten rund um den Schwangerschaftsabbruch bei Pro Familia:
**https://www.profamilia.de/fileadmin/profamilia/8_Fakten_zum_Schwangerschaftsabbruch-WEB.pdf**

Statistiken und Daten zum Schwangerschaftsabbruch in Deutschland:
**https://www.destatis.de/DE/Themen/Gesellschaft-Umwelt/Gesundheit/Schwangerschaftsabbrueche/_inhalt.html**

## VOR DEM ABBRUCH

### Die richtige Stelle für den Beratungsschein finden

(Die folgenden Einträge beziehen sich auf Deutschland, da dort die Pflichtberatung gesetzlich vorgeschrieben ist. Allgemeine Beratungsstellen, auch für Österreich und die Schweiz, finden sich weiter oben.)

Liste aller registrierten Beratungsstellen deutschlandweit (zusammengestellt von der Bundeszentrale für gesundheitliche Aufklärung BZgA):
**https://www.familienplanung.de/beratung/beratungsstelle-finden/**
(Unbedingt einen Haken setzen bei „Beratungsschein"!)

Pro Familia, ca. 200 Beratungsstellen bundesweit, mehrsprachiges Angebot:
**https://www.profamilia.de/angebote-vor-ort**
Pro Familia ist die größte Organisation in Deutschland, die sich auf Beratung rund um Schwangerschaft und Familienplanung fokussiert. Die Beratungsstellen sind untereinander vernetzt, die einzelnen Berater*innen besuchen regelmäßig Fortbildungen. Pro Familia setzt sich bundesweit für das Recht auf einen selbstbestimmten Schwangerschaftsabbruch ein.

AWO, ca. 100 Beratungsstellen bundesweit, mehrsprachiges Angebot:
**https://awo-schwanger.de/beratungsstellen/**
AWO steht für „Arbeiterwohlfahrt", der Verband hat eine starke soziale Ausrichtung und positioniert sich klar für das Recht auf selbstbestimmte Familienplanung. Die Beratung stellt das „Selbstbestimmungsrecht und die Selbstverantwortung der zu beratenden Frauen und Männer" ins Zentrum.

Diakonie, ca. 200 Beratungsstellen bundesweit, teilweise mehrsprachig:
**https://hilfe.diakonie.de/hilfe-vor-ort/schwangerenberatung-und-schwangerschaftskonfliktberatung/bundesweit/**
Die Diakonie ist eine evangelische Organisation, berät aber natürlich alle Menschen, unabhängig von der Religion. Die Diakonie unterstützt die aktuelle gesetzliche Regelung, nach der ein Schwangerschaftsabbruch unter Auflagen möglich ist, und fordert einen Ausbau der Beratungsangebote.

Donum Vitae, ca. 100 Beratungsstellen bundesweit:
**https://donumvitae.org/service/beratungsstellen-suche**
Donum Vitae wurde von katholischen Laien gegründet. Die ergebnisoffene Beratung steht allen Schwangeren und Angehörigen offen, wird aber oft auch als besondere Beratungsstelle für religiöse Menschen geschätzt, nicht nur für Katholiken. Politisch positioniert sich Donum Vitae gegen eine Liberalisierung des Abtreibungsrechts, es ist daher nicht ganz auszuschließen, dass einzelne Berater*innen diese Haltung auch in die Pflichtberatung tragen.

Achtung! Die Organisation Pro Femina, auf die du bei Suchanfragen rund um den Abbruch im Netz immer wieder stößt, stellt KEINE Beratungsscheine aus. Mehr zu dieser Anti-Abtreibungsorganisation kannst du in folgenden Artikeln nachlesen:
Buzzfeed (14.11.2019): **https://www.buzzfeed.de/recherchen/mehrere-bundeslaender-pruefen-gegen-die-anti-abtreibungsorganisation-pro-femina-vorzugehen-90138081.html**

Süddeutsche Zeitung (15.10.2021): **https://www.sueddeutsche.de/muenchen/umstrittener-verein-eher-bedraengt-als-beraten-1.5440377**

Feminist Click Back (4.10.2021): **https://feministclickback.org/blog/pro-femina-neue-strategie/**

## Ärztinnen und Kliniken, die Abbrüche anbieten

Offizielle, aber nicht vollständige Liste bei der Bundesärztekammer:
**https://liste.bundesaerztekammer.de/suche**

Praxen und Kliniken nach Postleitzahl (BZgA):
**https://www.familienplanung.de/schwangerschaftskonflikt/schwangerschafts-abbruch/schwangerschaftsabbruch-praxen-kliniken-einrichtungen/**

Liste öffentlicher Krankenhäuser, die Abbrüche vornehmen, in der Datenrecherche von correctiv.org:
**https://correctiv.org/aktuelles/gesundheit/2022/03/03/keine-abtreibungen-in-vielen-oeffentlichen-kliniken/**

Adressen von Kliniken in ganz Europa, inklusive Österreich und Schweiz:
**https://abtreibung-adressen.eu/clinic-browser/**

Women on Web ist eine NGO von Ärzt*innen und Fachkräften, die es sich zum Auftrag gemacht hat, ungewollt Schwangeren einen anonymen Abbruch zu ermöglichen, auch wenn sie in einem Land leben, in dem Abbrüche verboten oder stark eingeschränkt sind (in vielen Sprachen, Online-Beratung möglich):
**https://www.womenonweb.org/**

## Das Kostenübernahmeverfahren

Beispielhafte Erläuterung der Techniker Krankenkasse:
**https://www.tk.de/techniker/leistungen-und-mitgliedschaft/informationen-versicherte/leistungen/schwangerschaft-und-familie/leistungen-schwanger-schaft-geburt/schwangerschaftsabbruch/schwangerschaftsabbruch-naech-ste-schritte-2008100?tkcm=ab**

Kostenübernahme durch das Sozialamt Wien:
**https://www.wien.gv.at/amtshelfer/gesundheit/gesundheitsrecht/sozialhilfe/sonderbedarf.html**
Servicetelefon: **+43 1 4000 - 8040**

# DER ABBRUCH SELBST

Informationen zum telemedizinisch betreuten Abbruch:
**https://schwangerschaftsabbruch-zuhause.de/**

Familienplanungszentrum Balance:
**https://www.fpz-berlin.de/Schwangerschaftsabbruch-884834.html**

Erklärende Videos (auf Deutsch und Englisch):
**https://www.youtube.com/user/gynmedAmbulatorium**

Medizinisches Fachbuch von Gynäkologinnen, auch für Laien gut verständlich (Online-Zugang kostenpflichtig):
Maeffert, Jana, und Christiane Tennhardt (2022). „Schwangerschaftsabbruch und gestörte Frühschwangerschaft: Praxishandbuch mit Fallbeispielen." Berlin/Heidelberg: Springer:
**https://doi.org/10.1007/978-3-662-63517-9**

Das Handbuch der WHO richtet sich an medizinisches Personal, das Schwangerschaftsabbrüche anbietet. Hier werden umfassend alle Behandlungsmethoden erläutert (englisch, pdf kostenfrei):
World Health Organization (2014). „Clinical practice handbook for safe abortion." World Health Organization.
**https://apps.who.int/iris/handle/10665/97415**

# DIE ZEIT DANACH

## Reden über Abtreibung

„Es gibt so viele Dinge, die ich gerne vorher gewusst hätte." Artikel in der taz über das Tabu Abtreibung und warum es guttut, darüber zu sprechen (28.6.2020):
**https://taz.de/Recht-auf-Abtreibung-in-Deutschland/!5693140/**

Das Projekt „Talk Abortion" will Betroffenen Mut machen, von der eigenen Erfahrung mit einer Abtreibung zu erzählen, auf der Website finden sich auch mehrere Erfahrungsberichte:
**https://talk-abortion.de/blog**

Im Buch „(K)eine Mutter" berichten zwölf Frauen von ihrem Abbruch und der Erfahrung damit. Fast jede geht darauf ein, wie gut und wichtig es für sie war, darüber zu sprechen.
**https://www.kiwi-verlag.de/buch/jeanne-diesteldorf-k-eine-mutter-9783462002102**

## Telefonseelsorge

Falls du dich nach einem Abbruch mit deinen eigenen Gefühlen überfordert fühlst oder gerne mit jemandem darüber sprechen möchtest, kannst du dich auch dann an die oben aufgelisteten Beratungsstellen wenden. Wenn du kurzfristig mit jemandem sprechen willst, kann die Telefonseelsorge eine gute Nummer sein. Dort wirst du rund um die Uhr anonym und kostenlos beraten. In vielen Orten gibt es auch Krisenstellen, bei denen du kurzfristig einen Termin bekommst. Diese Einrichtungen sind für dich da, zögere nicht, sie in Anspruch zu nehmen. Bei schweren psychischen Problemen wende dich bitte umgehend an (d)eine Ärztin.

Telefonseelsorge Deutschland:
**Tel. 0800 - 1110111 oder 0800 - 1110222** sowie unter **www.telefonseelsorge.de**

Telefonseelsorge Österreich:
**Tel. 142** sowie unter **https://www.telefonseelsorge.at**

Telefonseelsorge Schweiz:
**Tel. 143** sowie unter **www.143.ch**

## Informationen zu Sex nach einem Abbruch

Zusammenfassung eines medizinischen Fachvortrag der Ärztin Kristina Hänel auf dem Kongress von FIAPAC (Amsterdam, 24.5.2002):
**https://abtreibung.at/fur-ungewollt-schwangere/methoden/sexualitat-nach-einem-schwangerschaftsabbruch/**

## Wissenschaftliche Studien

Mehrjährige Studie zu Emotionen und Entscheidungszufriedenheit nach einer Abtreibung (englisch, Volltext kostenpflichtig):
Rocca, Corinne H., et al. (2020). „Emotions and decision rightness over five years following an abortion: An examination of decision difficulty and abortion stigma." Social Science & Medicine 248: 112704.
**https://www.sciencedirect.com/science/article/pii/S0277953619306999**

Die vom deutschen Gesundheitsministerium beauftragte ELSA-Studie untersucht umfassend die Situation von ungewollt Schwangeren vor und nach einem Abbruch. Die Ergebnisse sollen 2023 publiziert werden, unter der Projekthomepage finden sich wichtige Aspekte:
**www.elsa-studie.de**

In dieser Langzeit-Studie wird eindrücklich gezeigt, dass ein selbstbestimmter Abbruch für die große Mehrheit der Betroffenen keine negativen Langzeitfolgen hat, jedoch Schwangere, die nicht die Möglichkeit hatten, sich gegen eine ungewollte Schwangerschaft zu entscheiden, auch Jahre später unter psychologischen, sozialen und wirtschaftlichen Folgen leiden (englisch, Zusammenfassung frei zugänglich):
Foster, Diana Greene (2020). „The turnaway study: ten years, a thousand women, and the consequences of having – or being denied – an abortion." Simon and Schuster.
**https://www.ansirh.org/research/ongoing/turnaway-study**

Wissenschaftliches Paper, das verdeutlicht, dass das „Post Abortion Syndrom" keine medizinische Diagnose ist, und zeigt, dass der Begriff von der Anti-Abtreibungs-Bewegung erfunden wurde (englisch, Zusammenfassung frei zugänglich):
Kelly, Kimberly (2014). „The spread of ‚Post Abortion Syndrome' as social dia-

gnosis." Social Science & Medicine 102: 18-25.
**https://doi.org/10.1016/j.socscimed.2013.11.030**

In dieser Zusammenfassung mehrerer Studien wird deutlich, dass ungewollt Schwangere vor allem vor dem Abbruch unter großem Stress stehen, negative Emotionen danach stark abnehmen und verschwinden (englisch, Zusammenfassung frei zugänglich):
Bradshaw, Zoe, and Pauline Slade (2003). „The effects of induced abortion on emotional experiences and relationships: a critical review of the literature." Clinical Psychology Review 23.7: 929-958.
**https://doi.org/10.1016/j.cpr.2003.09.001**

## WAS DU ALS PARTNER TUN KANNST

Info-Portal der BZGA für Männer: „Auch für Männer: Beratung bei einem Schwangerschaftskonflikt":
**https://www.familienplanung.de/schwangerschaftskonflikt/maenner-im-konflikt/auch-fuer-maenner-beratung-bei-einem-schwangerschaftskonflikt/**

„Das Schweigen der Männer" (Zeit online, 9.8.2022):
In der Debatte um Schwangerschaftsabbrüche outen sich fast nur Frauen als betroffen. Dabei betreffen Gesetze auch Männer und ihr Leben unmittelbar.
**https://www.zeit.de/kultur/2022-08/schwangerschaftsabbruch-debatte-maenner-frauen-erfahrung-10nach8**

Zwölf Männer berichten über ihre Erfahrung mit einem Schwangerschaftsabbruch (GQ, 21.10.2019, englisch):
**https://www.gq.com/story/gq-glamour-men-abortion-stories**

### Wissenschaftliche Studien

Erfahrungen und Perspektiven von Männern in Bezug auf Abtreibung (englisch, Volltext kostenpflichtig):
Nguyen, Brian T., et al. (2018). „Supporting Women at the Time of Abortion: A Mixed-Methods Study of Male Partner Experiences and Perspectives." Perspectives on Sexual and Reproductive Health 50.2: 75-83.
**https://onlinelibrary.wiley.com/doi/abs/10.1363/psrh.12059**

Die aktive Einbeziehung des männlichen Partners hat für ungewollt Schwangere positive Auswirkungen auf ihr Wohlbefinden während und nach einem Abbruch, mit Ausnahme gewalttätiger Partner, zu diesem Schluss kommt diese Meta-Studie (englisch, Volltext kostenpflichtig):
Altshuler, Anna L., et al. (2016). „Male partners' involvement in abortion care: a mixed-methods systematic review." Perspectives on Sexual and Reproductive Health 48.4: 209-219.
**https://onlinelibrary.wiley.com/doi/abs/10.1363/psrh.12000**

## BIOLOGISCHE DETAILS – VON DER EIZELLE ZUR SCHWANGERSCHAFT

Es gibt eine Vielzahl gut recherchierter und aufbereiteter Seiten und Apps, die die Entwicklung des Embryos und Fötus detailliert darstellen sowie die Veränderungen im Körper der Schwangeren beschreiben. Diese richten sich allerdings fast ausnahmslos an Menschen, die sich entschieden haben, Eltern werden zu wollen. Eine dieser Seiten ist Familie.de:
**https://www.familie.de/schwangerschaft/embryo-entwicklung/**

Falls du nicht als „werdende Mutter" angesprochen werden willst, kannst du auch bei Wikipedia Details nachlesen:
Wikipedia-Eintrag zu Embryo:
**https://de.wikipedia.org/wiki/Embryo**
Wikipedia-Eintrag zu Fötus:
**https://de.wikipedia.org/wiki/F%C3%B6tus**

## § 218 UND WEITERE GESETZE – DIE RECHTLICHE SITUATION

### Deutschland

Verbot des Schwangerschaftsabbruchs und Ausnahmeregelungen in § 218 ff. im deutschen Strafgesetzbuch:
**https://www.gesetze-im-internet.de/stgb/__218.html**

Das deutsche Schwangerschaftskonfliktgesetz (Gesetz zur Vermeidung und Bewältigung von Schwangerschaftskonflikten):
**https://www.gesetze-im-internet.de/beratungsg/BJNR113980992.html**

Informationen über das Schwangerschaftskonfliktgesetz und gesetzliche Regelungen im Kontext des § 218 Strafgesetzbuch vom deutschen Ministerium für Frauen und Familien:
**https://www.bmfsfj.de/resource/blob/95282/ed384270cbde-c0132e2ccfb335561982/schwangerschaftsberatung---218-data.pdf**

**https://www.bmfsfj.de/bmfsfj/themen/familie/schwangerschaft-und-kinderwunsch/schwangerschaftsabbruch/schwangerschaftsabbruch-nach-218-strafgesetzbuch-81020**

### Österreich

Verbot des Schwangerschaftsabbruchs und Ausnahmeregelungen in § 96 f. im österreichischen Strafgesetzbuch:
**https://www.ris.bka.gv.at/eli/bgbl/1974/60/P96/NOR40173624**

## Schweiz

Strafbarkeit (§ 118) und Straflosigkeit (§ 119) des Schwangerschaftsabbruchs im Schweizerischen Strafgesetzbuch:
**https://www.fedlex.admin.ch/eli/cc/54/757_781_799/de#book_2/tit_1/lvl_2**

## International

Datenbank der WHO zur rechtlichen Regelung von Abbrüchen weltweit (englisch):
**https://abortion-policies.srhr.org/**

Internationales Übereinkommen zur Beseitigung jeder Form von Diskriminierung der Frau, in dem auch das Recht auf selbstbestimmte Familienplanung gefordert und unterzeichnet wurde (Convention on the Elimination of All Forms of Discrimination against Women New York, englisch):
**https://www.ohchr.org/en/instruments-mechanisms/instruments/convention-elimination-all-forms-discrimination-against-women**

## Artikel und Kommentare zur rechtlichen Situation

„Nieder mit dem Abtreibungsparagrafen" (Spiegel online, 3.1.2022), Artikel zur Geschichte des Abtreibungsverbots:
**https://www.spiegel.de/geschichte/150-jahre-218-nieder-mit-dem-abtreibungsparagrafen-a-5d67ae86-15a0-4b29-83af-5dcb74434a3b**

„Raus aus meinem Uterus. Der § 219a und seine Freunde." Lesenswerter Blogbeitrag von Rechtsanwältin Nina Straßner, alias Juramama, zu rechtlicher Einordnung und kulturellem Hintergrund von § 218 und § 219 (14.12.2018):
**https://www.juramama.de/2018/12/14/raus-aus-meinem-uterus-der-219a-und-seine-freunde/**

## Statistiken zur Häufigkeit von Abbrüchen

Deutschland:
**https://www.destatis.de/DE/Themen/Gesellschaft-Umwelt/Gesundheit/Schwangerschaftsabbrueche/_inhalt.html**

Europa:
**https://de.statista.com/statistik/daten/studie/70858/umfrage/jaehrliche-schwangerschaftsabbrueche-in-europa/**

Kanada:
**https://www.arcc-cdac.ca/media/2020/07/statistics-abortion-in-canada.pdf**

# BÜCHER UND FILME, DIE DICH INTERESSIEREN KÖNNTEN

## Sachbücher und Erfahrungsberichte

Gesine Agena, Patricia Hecht, Dinah Riese: „Selbstbestimmt. Für reproduktive Rechte." Wagenbach, 2022.

Jeanne Diesteldorf: „(K)eine Mutter. Abtreibung – Zwölf Frauen erzählen ihre Geschichte." Kiepenheuer & Witsch, 2021.

Kristina Hänel: „Das Politische ist persönlich. Tagebuch einer ‚Abtreibungsärztin'."Argument Verlag, 2021.

Mareice Kaiser: „Das Unwohlsein der modernen Mutter." Rowohlt TB, 2021.

Susanne Mierau: „Mutter. Sein. Von der Last des Ideals und dem Glück des eigenen Wegs." Beltz, 2019.

Caroline Perez-Criado: „Unsichtbare Frauen. Wie eine von Daten beherrschte Welt die Hälfte der Bevölkerung ignoriert." btb, 2020.

Franziska Schutzbach: „Die Erschöpfung der Frauen. Wider die weibliche Verfügbarkeit." Droemer Knaur, 2021.

Andrea Vogelsang (Pseudonym von Kristina Hänel): „Die Höhle der Löwin. Geschichten einer Ärztin über Abtreibung." Ulrike Helmer Verlag, 2018.

## Romane & Graphic Novels

Brit Bennett: „Die Mütter." Rowohlt TB, 2019.

Lotta Elstad: „Mittwoch also." Kiepenheuer & Witsch, 2019.

Annie Ernaux: „Das Ereignis." Bibliothek Suhrkamp, 2021.

Verena Stefan: „Die Befragung der Zeit." Nagel und Kimche, 2014.

Julia Zejn: „Andere Umstände." Avant Verlag, 2021.

## Filme

Aufbruch in die Freiheit, 2018

Das Ereignis, 2021

Dirty Dancing, 1987

Juno, 2007

Niemals, Selten, Manchmal, Immer, 2020

24 Wochen, 2016

(Filme erzählen meist spektakuläre Geschichten. Leider gibt es keinen Film über die Situation, die mit Abstand am häufigsten ist: eine Frau in einer festen Beziehung, die bereits eines oder mehrere Kinder hat und kein weiteres möchte.)

Artikel über Serien, in denen Schwangerschaftsabbrüche vorkommen:
**https://www.fluter.de/abtreibungen-serien-typologie**

## DANKSAGUNG

Ich wünschte, es müsste dieses Buch nicht geben. Trotzdem war die Arbeit daran eine Erfahrung, für die ich zutiefst dankbar bin. Ich habe von sehr vielen Menschen Unterstützung, Zuspruch und Solidarität für dieses Projekt bekommen.

Mein besonderer Dank gilt Bettina, Charlotte, Gollaleh, Jeanne, Julia und Thomas, die bereit waren, ihre persönlichen Erfahrungen zu teilen. Eure Offenheit ist unendlich wertvoll für andere Betroffene.

Kristina Hänel, du hast Geschichte geschrieben, dein Kampfgeist und die Liebe, mit der du deinen Beruf ausübst, beeindrucken mich zutiefst: Danke für dein Vorwort.

Auch Dr. Jana Maeffert hat dieses Buch mit wertvoller Expertise bereichert. Ihr Fachbuch setzt hoffentlich neue Standards in der Behandlung ungewollter Schwangerschaften.

Thoralf Fricke, Petra Winkler und allen anderen Mitarbeitenden von Pro Familia zolle ich höchsten Respekt für ihre Beratungsarbeit, Empathie und Solidarität mit allen ungewollt Schwangeren.

Alicia Baier und den Doctors for Choice danke ich für den mühsamen, aber wichtigen Kampf für reproduktive Rechte und eine bessere Versorgung aller Schwangeren.

Mein besonderer Dank gilt Dr. Gabriele Halder, den Ärztinnen und dem Team der Praxis am Bundesplatz, die mir ermöglicht haben, meine ungewollte Schwangerschaft selbstbestimmt und schamfrei zu beenden. Ohne diese Erfahrung gäbe es dieses Buch nicht.

Mit Wanda Jakob haben ich und dieses Buch nicht nur eine hervorragende Lektorin bekommen, sondern eine Verbündete in der Sache. Danke für deine Sorgfalt und deine liebevolle Betreuung dieses Projektes.

Meiner Mama Barbara Maier bin ich auf immer dankbar für die grenzenlose Liebe und Unterstützung bei allem, was ich tue. Du hast mich immer wieder darin bestärkt, meine Stimme für dieses Thema zu erheben.

Felix Speiser, danke, dass du mit mir auf Pro-Choice-Demos und in den Kreissaal gehst, und vor allem danke dafür, dass du mit mir durchs Leben gehst!

Mit meiner Schwester Lena Rogl habe ich vor vielen Jahren die ersten wilden Diskussionen über selbstbestimmte Sexualität geführt, heute kämpfen wir gemeinsam für echte Gleichberechtigung.

Meiner Tante Dr. Katharina Lüdemann verdanke ich eine feministische Perspektive auf Gynäkologie.

Teresa Bücker und Kübra Gümüsay, ich habe das große Glück, euch und viele weitere kluge, engagierte Feminist*innen zu meinen Freundinnen zählen zu dürfen. Euer aller Energie lässt keinen Zweifel daran, dass die Tage des Patriarchats gezählt sind.

# IMPRESSUM



Umschlaggestaltung, Illustration, Typografie und Satz:
Büro Wünsch & Stömer

Druck und Bindung: Pustet Regensburg

ISBN 978-3-95614-536-0